海外桥隧项目
检测监测实施技术
应用手册
（施工期）

于静涛　李　铮　王海丰　主编

重庆大学出版社

内容提要

本书以我国桥梁隧道工程施工期检测监测规范要求为基准,在检测监测项目、技术手段、频率、评定判断标准等方面,从现场实施应用出发,总结各部分内容要点。结合海外桥隧工程项目常用的各类海外实施标准规范中的相关要求,对比国内外规范中内容的差异,分析差异原因。通过总结实施技术、对比国内外规范差异、差异分析等,为我国海外桥隧工程施工期检测监测项目实施技术人员提供指导和参考,以提高项目实施技术质量,降低与项目海外人员的沟通难度。

图书在版编目(CIP)数据

海外桥隧项目检测监测实施技术应用手册. 施工期 /
于静涛,李铮,王海丰主编. -- 重庆：重庆大学出版社,
2024.12

ISBN 978-7-5689-4128-0

Ⅰ.①海… Ⅱ.①于… ②李… ③王… Ⅲ.①桥梁施
工—施工监测—技术手册②隧道施工—施工监测—技术手
册 Ⅳ.①U44-62②U45-62

中国国家版本馆 CIP 数据核字(2023)第 251246 号

海外桥隧项目检测监测实施技术应用手册(施工期)

于静涛 李 铮 王海丰 主编
责任编辑:肖乾泉   版式设计:肖乾泉
责任校对:关德强   责任印制:赵 晟

*

重庆大学出版社出版发行
出版人:陈晓阳
社址:重庆市沙坪坝区大学城西路 21 号
邮编:401331
电话:(023)88617190   88617185(中小学)
传真:(023)88617186   88617166
网址:http://www.cqup.com.cn
邮箱:fxk@cqup.com.cn(营销中心)
全国新华书店经销
重庆新生代彩印技术有限公司印刷

*

开本:787mm×1092mm   1/16   印张:9.75   字数:221 千
2024 年 12 月第 1 版   2024 年 12 月第 1 次印刷
ISBN 978-7-5689-4128-0   定价:49.00 元

编 委 会

主　　编：

　　于静涛　李　铮　王海丰

参编人员：

　　王学博　刘　洋　张　贺　李亚修　赵明喆　李　博

　　杨　俊　洪成晶　李艺林　胡俊泉　曹均旺　彭登志

　　杨　猛　边　鑫　郑甲佳　代志超　关勇哲　陈　祥

　　冼晓杰　李　帅　王俊飞　王帅飞　何　森　任赵波

　　赵锦利　屈　城　郝　鹏　李世云　王明生　张　驰

　　孙　瑜　马　强

参与单位：

　　中国路桥工程有限责任公司

　　北京中交桥宇科技有限公司

　　北京科技大学

前　言

2013年9—10月,习近平主席相继提出建设"丝绸之路经济带"和"21世纪海上丝绸之路"的合作倡议,在国际社会引起热烈反响和广泛响应。"一带一路"倡议的提出,催生了一批海外工程建设项目。这些项目的推进也成为促进"一带一路"建设的巨大推动力。

海外工程项目建设是一种综合性的国际经济合作方式,是一种国际技术贸易方式,也是一种国际劳务合作方式。海外工程的参与主体来自不同国家,货币和支付方式具有多样性,规范标准庞杂,国际政治、经济影响因素的权重大。参与海外工程项目竞争的企业专业化程度高,多以签订EPC、BOT等总承包合同的模式开展业务,业务范围基本涵盖了建筑与工程行业从设计咨询、工程勘测、设备采购、土建施工到售后服务的全部业务,行业竞争比较激烈。

进入21世纪以来,我国建筑与工程企业在海外市场发展迅速。在2005—2022年期间,合同完工额从194.58亿美元增长到1 549.90亿美元。2020年新签合同额2 530.7亿美元,较2015年增长20.5%。我国在海外的工程承包市场份额在逐步扩大,并且在地区分布上基本形成了以亚太地区为主,发展非洲市场、恢复中东市场、开拓欧美等其他地区市场的多元化市场格局。随着海外桥隧项目的不断发展,为了提高海外桥隧项目建设及运营期的质量和安全管控,提高产品的使用状态,需要在海外桥隧项目中引入监测检测技术。目前,采用中国标准建设的海外桥隧项目大多引入国内先进的监测检测技术,为项目的质量和安全管理提供了重要的技术服务,但同时也带来了诸多问题。

本手册整理分析了国内外桥隧工程监测检测技术经验及现行标准,并进行国内外规范标准的对照解析和分类汇总,旨在加强桥隧项目建设及运营期内监测检测现有技术和标准在海外的适用性,推进国内桥隧工程监测检测技术在海外的应用,提高海外桥隧建设项目的安全和质量管控,增强国际交流,提升中国标准的国际化,让中国标准"走出去",获得其他国家的认可。

本手册由于静涛(中国路桥工程有限责任公司)、李铮(中国路桥工程有限责任公司)、王海丰(北京中交桥宇科技有限公司)主编。于静涛、李铮以孟加拉国卡拉普里河底隧道项目为依托,广泛搜集海外规范并进行翻译归纳;王海丰结合自身国内桥隧工程施工期检测监测工作经验,总结提炼技术要点和相关要求,最终进行对比和分析,形成本手册的基本成果内容。

本手册编写历时两年半,最终在 2023 年如期完稿。在此,要感谢公司领导对本书编写工作的大力支持,感谢北京科技大学刘洋教授团队提供的标准库和基础理论帮助,感谢科研团队所有成员两年半的辛勤付出。

限于作者水平,书中难免存在错误和不足之处,恳请读者批评指正。

编 者

目 录

1

总　则

1.0.1　为提高海外桥隧工程采用中国标准建设时检测监测项目各项要求对当地参建单位的接受度,保证监测检测项目顺利开展,特编制本手册。本手册可作为海外桥隧工程监测检测项目技术人员的生产应用指导。

1.0.2　本手册涉及内容包括中国标准规范中桥隧工程监测检测项目相关要求和技术手段,对比分析了海外标准中相应的内容,并进行了相应的总结。

1.0.3　桥隧工程监测检测项目以结构物安全为服务宗旨,规范规定为基本要求,与当地的建设标准、地质、气候等有直接的关系。本手册仅针对基本要求和常用技术做对比分析。

1.0.4　本手册技术和规范内容均依据行业内目前通行要求,技术革新和相应规范更新后的应用需结合更新后的内容使用。

1.0.5　国外规范编制体系与国内规范差异较大,监测检测未单独成册,规范分布较为分散,各规范对其描述内容也不尽相同。

1.0.6　本手册以行业内规范为主要基础资料,内容以技术归纳和分析为主,通过相应的归纳、总结、分析提高使用人员的理解能力和理解深度,不作评价各类规范使用。

2
符号和术语

n——同批混凝土试件组数。

$m_{f_{cu}}$——同批 n 组试件强度的平均值(MPa),精确到 0.1 MPa。

S_n——同批 n 组试件强度的标准差(MPa),精确到 0.01 MPa;当 $S_n<2.5$ MPa 时,取 $S_n=2.5$ MPa。

$f_{cu,k}$——混凝土设计强度等级(MPa)。

$f_{cu,min}$——n 组试件中强度最低一组的值(MPa),精确到 0.1 MPa。

λ_1、λ_2——合格判定系数。

h_j——第 i 个试件第 j 个测点处的渗水高度(mm)。

$\bar{h_i}$——第 i 个试件的平均渗水高度,应以 10 个测点渗水高度的平均值作为该试件渗水高度的测定值。

$\bar{h}$——一组 6 个试件的平均渗水高度(mm),应以一组 6 个试件渗水高度的算术平均值作为该组试件的渗水高度的测定值。

P——混凝土抗渗等级。

H——6 个试件中有 3 个试件渗水时的水压力(MPa)。

3

隧道监测技术

3.1 隧道监测整体要求

隧道监控测量指采用变形测量或应力应变测量,对隧道在施工期和运营期间的结构变形和稳定性状态进行监测,对监测成果进行计算分析和评价,得出隧道结构当前的稳定性状态,进而提出适合本隧道的开挖支护方式、养护等级等,以提高隧道结构的安全性。

因此,隧道监控测量内容和技术手段需要适应隧道当前开挖支护方式、结构现状、管养模式等。隧道监控测量是评价隧道结构安全稳定性状态的重要技术手段。隧道监控测量的项目、方法、成果分析、结论建议等均要满足相关的规范要求。此外,隧道监控测量技术也需要不断发展,向无人化、高精化、智能化发展,提高监控测量的效率和准确性。

3.1.1 隧道施工期监测概述

当前,隧道普遍采用的施工方法为新奥法(即复合式衬砌),其基本原理为充分利用围岩的自承能力和开挖面的空间约束作用,以锚杆和喷射混凝土为主要支护手段,及时对围岩进行加固,约束围岩的松弛和变形,并通过围岩和支护结构的监控、测量来指导地下工程的设计和施工。隧道监控测量是隧道新奥法设计和施工的重要组成部分,对及时了解隧道开挖后的变形情况,保障隧道支护效果及隧道安全施工具有十分重要的意义。其主要作用有以下 4 个方面:

①确保施工安全及结构产期稳定性;

②验证支护结构效果,确认支护参数和施工方法的精确性,为调整支护参数和施工方法提供依据并优化设计,以达到动态设计的目的;

③确定二次衬砌施工时间;

④积累测量数据,为信息化设计与施工提供依据。

3.1.2 必测项目条件

根据《公路隧道施工技术规范》(JTG/T 3660—2020)的规定,掌握围岩和支护工作状态,判断围岩稳定性、支护结构的合理性和隧道整体安全性,确定二次衬砌合理的施工时间,为在施工中调整围岩级别、变更设计方案及参数、优化施工方案、确定施工工艺提供依据,必须进行监控测量。

【引】根据法国标准①的规定,除了对隧道结构和机电进行有计划地检查,还必须对隧道灯具的光输出、旋转机械的振动和其他设备的性能进行定期定量测量。

【注】国内外规范对监测项目的要求大体一致,区别在于:国内规范对监测项目的划分更为具体,涵盖的隧道部位也更为全面,较多以表格形式呈现,更为直观;国外标准通常罗列大篇幅文字来说明监测内容,在感观上不如国内规范清晰明了,但其包含的内容与国内规范能大致对应。

3.1.3 选测项目条件

结合《公路隧道施工技术规范》(JTG/T 3660—2020)的规定,根据设计规定、隧道横断面形状和断面大小、埋深、围岩条件、周边环境条件、支护类型和参数、施工方法等选择测量项目。选测项目是对一些有特殊意义和具有代表性意义的区段以及试验区段进行补充测量,以求更深入地掌握围岩的稳定状态与喷锚支护效果,具有指导未开挖区的设计与施工的作用。这类测量项目测量较为麻烦,测量项目较多,花费较大,根据需要选择其中部分或全部测量项目。

【注】目前,搜集到的国外规范中并没有对监测的选测项目进行明确规定,参考国内相关技术要求执行。

3.1.4 必测项目内容

根据《公路隧道施工技术规范》(JTG/T 3660—2020)的规定,在复合式衬砌和喷锚衬砌隧道施工时,必须进行以下项目的测量:洞内外观察、周边位移、拱顶下沉、地表下沉、拱脚下沉。

【引】根据法国标准②的规定,应对隧道进行以下3个方面监测:

①水文地质监测(监测水流的演变、连续测压测量)。

②变形监测(测量壁上的相对径向位移、测量位于开挖壁或地面上的监测点的径向位移、地表沉降)。

③约束监测(地面施加的压力、支撑或衬砌中的应力)。

---

① 法国,《道路和桥梁设计手册》。

② 法国,《土木工程试点档案-4:挖掘和支护过程》。

【注】中国与法国标准对监测项目的规定存在相同之处,都要求对隧道的位移进行监测。不同的是,国内规范将监测项目按部位进行划分,更为细致,还将压力与水流的监测划分至选测项目;法国标准则是要求监测开挖断面上的径向位移。

3.1.5　选测项目内容

根据《公路隧道施工技术规范》(JTG/T 3660—2020)的规定,结合设计要求、隧道横断面形状和断面大小、埋深、围岩条件、周边环境条件、支护类型和参数、施工方法等综合确定选测项目:钢架内力及外力,围岩内部位移(洞内设点、地表设点),围岩压力,两层支护间压力,锚杆轴力,支护、衬砌内应力,围岩弹性波速度,爆破振动,渗水压力、水流量,地表下沉,地表水平位移。

【注】对于法国标准规定的监测项目,国内规范都可与之对应。相较于法国标准,国内规范对隧道监测项目的要求更为全面具体,能更快地发现隧道出现的问题,保障隧道的运营稳定。

3.2　监测实施

监测实施主要包含监测工作的技术手段、监测频率、监测控制标准、测点布设要求等内容。

3.2.1　监测技术手段

1)必测项目技术手段

①洞、内外观察:使用现场观测、地质罗盘等进行监测。

②周边位移:使用各种类型收敛计、全站仪或其他非接触测量仪器进行监测。

③拱顶下沉:使用水准仪、铟钢尺、全站仪或其他非接触测量仪器进行监测。

④地表下沉:使用水准仪、铟钢尺、全站仪进行监测。

⑤拱脚下沉:使用水准仪、铟钢尺、全站仪进行监测。

【引】根据法国标准①的规定,可以通过以下3种方法进行监测。

(1)水文地质监测

通过压力计或水井的表面压力监测进行。

(2)变形监测

①测量壁上的相对径向位移:使用伸缩杆、铟钢线、磁带测距仪进行监测。

---

①法国,《土木工程试点档案-4:挖掘和支护过程》。

②测量位于开挖壁或地面上的监测点的径向位移:使用 trirod 或 distofor 引伸计进行测量。

③地表沉降:通过水准仪或沉降仪进行监测。

(3)约束监测

①地面施加的压力:通过设置总压力传感器进行监测。

②支撑或衬砌中的应力:通过振弦式引伸计或电规进行测量。

根据法国标准①的规定,常用的测量方法有以下7种。

①测量隧道侧墙壁上的密封段之间的断面变形:这是最简单而又最有效的方法,适用于各种情况。

②地形测量:经常用于覆盖层较薄的隧道表面。在地下,水准测量精度相对较低;然而,相关的变化对跟踪拱顶石的移动和基础底板的隆升非常有用。

③在城市中,对于深度较浅的隧道,采用沉降测量仪在探孔中进行垂直移动测量。

④在同样的条件下,进行倾斜测量,可以测出横向变形。

⑤在混凝土中或混凝土与地层接触处进行应力测量。这些测量的结果往往过于分散并且难以解读。

⑥沿螺杆杆身或在拱架上,测量所承受的作用力。

⑦当隧道的覆盖层比较薄时(小于30 m),可以从地面上开始测量。

测量时,可分为以下两个测量段进行。

①普通测量段:主要包括断面变形测量,必要时,包括隧道内部的水准测量的检查。对于深度较浅的隧道,需补充进行表面的水准测量。这些测量段可以连续检测支撑的有效性。测量间隔距离为每个开挖面宽度的2~4倍。

②加强测量段:相对于普通测量段的设备,根据情况可补充探孔应变仪、沉降测量仪、测斜仪、压力盒等;还可以采用钻孔,以便使用内窥镜进行检测。这些测量段用于分析地层和支撑的性能,以及它们之间的相互作用。尤其是当岩土工程条件发生变化时,可以用于确定最适用于新情况的支撑方式。

【注】法国标准对隧道位移和水文地质的监测方法都做了规定,与国内规范规定一样。位移变形都采用水准仪等仪器进行监测,水流压力等均采用压力计进行监测。我国技术人员在国外进行相应项目监测时,可采用与国内相同的方法。不同的是,在进行压力监测时,我国规范规定,测量地面和围岩压力采用各类型的压力盒,测量支护、衬砌内应力采用应变计及表面应力解除法。而国外规范是通过设置总压力传感器监测地面施加的压力,通过振弦式引伸计或电规测量支撑或衬砌中的应力。这也可能是所用仪器名称在翻译时出现了误差。

---

①法国,《通用技术条款手册(C.C.T.G) 第69分册:地下工程》。

2）选测项目技术手段

①钢架内力及外力：采用支柱压力计或其他测力计。

②围岩内部位移（洞内设点）：在洞内钻孔中安设单点、多点杆式或钢丝式位移计。

③围岩内部位移（地表设点）：在地面钻孔中安设各类位移计。

④围岩压力：采用各种类型岩土压力盒。

⑤两层支护间压力：采用压力盒。

⑥锚杆轴力：采用钢筋计、锚杆测力计。

⑦支护、衬砌内应力：采用各类混凝土内应变计及表面应力解除法。

⑧围岩弹性波速度：采用各种声波仪及配套探头。

⑨爆破振动：采用测振及配套传感器。

⑩渗水压力、水流量：采用渗压计、流量计。

⑪地表下沉：采用水准测量的方法，如水准仪、钢钢尺等。

⑫地表水平位移：采用经纬仪、全站仪。

【注】目前，搜集到的国外规范中并没有对监测选测项目的技术手段进行明确规定，参考国内相关技术要求执行。

3.2.2 监测频率

1）必测项目监测频率

根据《公路隧道施工技术规范》（JTG/T 3660—2020）的规定，进行项目监测时，公路隧道必测项目监测频率如表 3.1 所示。

表 3.1 公路隧道必测项目监测频率

项目名称	量测时段			
	1～15 d	16 d～1 个月	1～3 个月	大于 3 个月
洞内外观察	—			
周边位移	（1～2 次）/d	1 次/2d	（1～2 次）/周	（1～3 次）/月
拱顶下沉	（1～2 次）/d	1 次/2d	（1～2 次）/周	（1～3 次）/月
地表下沉	开挖面距测量断面前后小于 2.5b 时，（1～2 次）/d；开挖面距测量断面前后小于 5b 时，1 次/（2～3 d）；开挖面距测量断面前后大于或等于 5b 时，1 次/（3～7d）			
拱脚下沉	仰拱施工前，（1～2 次）/d			

注：b 为公路隧道宽度。

【引】根据法国标准①的规定,应对以下内容进行监测:对于变形较快的开挖面附近的断面,测量频率可定为几天测一次;随着变形程度的减缓,测量频率可定为每周一次或15 d一次。根据开挖作业面的情况和距离的不同,测量频率可从数个小时到数天不等。

【注】国内规范对周边位移、拱顶下沉、地表下沉、拱脚下沉的监测频率都做了详细的规定,而《土木工程试点档案-4:挖掘和支护过程》和《通用技术条款手册(C.C.T.G) 第69分册:地下工程》对频率的整体要求较国内规范低,但对异常情况的监测频率均有更高要求。

2) 选测项目监测频率

根据《公路隧道施工技术规范》(JTG/T 3660—2020)的规定,进行项目监测时,公路隧道选测项目监测频率如表3.2所示。

表3.2 公路隧道选测项目监测频率

项目名称	量测时段			
	1~15 d	16 d~1 个月	1~3 个月	大于 3 个月
钢架内力及外力	(1~2 次)/d	1 次/2d	(1~2 次)/周	(1~3 次)/月
围岩内部位移(洞内设点)	(1~2 次)/d	1 次/2d	(1~2 次)/周	(1~3 次)/月
围岩内部位移(地表设点)	同"地表下沉"要求			
围岩压力	(1~2 次)/d	1 次/2d	(1~2 次)/周	(1~3 次)/月
两层支护间压力	(1~2 次)/d	1 次/2d	(1~2 次)/周	(1~3 次)/月
锚杆轴力	(1~2 次)/d	1 次/2d	(1~2 次)/周	(1~3 次)/月
支护、衬砌内应力	(1~2 次)/d	1 次/2d	(1~2 次)/周	(1~3 次)/月
围岩弹性波速度	—			
爆破振动	随爆破进行			
渗水压力、水流量	—			
地表下沉	开挖面距测量断面前后小于 2.5b 时,(1~2 次)/d;开挖面距测量断面前后小于 5b 时,1 次/(2~3d);开挖面距测量断面前后大于或等于 5b 时,1 次/(3~7d)			
地表水平位移	—			

注:b 为公路隧道宽度。

【注】目前,搜集到的国外规范中并没有对选测项目的监测频率进行明确规定,参考国内相关技术要求执行。

---

①法国,《通用技术条款手册(C.C.T.G) 第65分册:执行土木工程的具体方法》。

3.2.3 监测控制标准

1) 必测项目监测控制标准

根据《公路隧道施工技术规范》(JTG/T 3660—2020)的规定,进行必测项目监测时,控制标准应符合表3.3的要求。

表3.3 必测项目监测控制标准

类别	距开挖面1B(U1B)	距开挖面2B(U2B)	距开挖面较远
施工控制值	65% U_0	90% U_0	100% U_0

注:B为隧道开挖宽度,U_0为极限相对位移值。

【引】根据法国标准①的规定,施工中的连续检查包括以下4个方面:

①对支撑有效性进行监测,以保证在可以接受的期限内保持平衡;

②尽可能早地预测各种异常,以便修改支撑方式;

③分析对地层性质、支撑类型或开挖方法进行修改所带来的影响;

④如有必要,注意工程对周边建筑或其他工程产生的影响。

根据法国标准②的规定,对水泥浆适用性的具体要求如下:

①水泥浆的流动性:根据《预应力钢筋束水泥浆基本要求》(NFEN447)验收。此外,水泥浆制造和出口时的流动时间差必须小于4 s。

②水泥浆的体积变化:应符合《预应力钢筋束水泥浆基本要求》(NFEN447)的要求。

根据《预应力钢筋束水泥浆基本要求》(NFEN447)的要求,灌浆期间的流动性要求为:从混合后立即开始到混合后30 min或灌浆制造商指定的任何时间的流动性不得超过20%(表3.4)。

表3.4 灌浆期间水泥浆的流动性要求

EN445中给出的试验方法	测试开始	混合后立即测试	混合后30 min*或者由灌浆制造商指定的任何时间
圆锥体灌浆扩散	时间	$t_0 \leq 25$ s	$0.8t_0 \leq t_{30} \leq 1.2t_0$ 和 $t_{30} \leq 25$ s
	水泥浆平均扩散长度	$a_0 \geq 140$ mm	$0.8a_0 \leq a_{30} \leq 1.2a_0$ 和 $a_{30} \geq 140$ mm

注:*混合时间应从所有材料都在混合器中时开始计算。

---

①法国,《通用技术条款手册(C.C.T.G) 第69分册:地下工程》。

②法国,《通用技术条款手册(C.C.T.G) 第65分册:执行土木工程的具体方法》。

静止24 h后,灌浆的体积变化范围为-1% ~ +5%。

【注】国内规范对每一个监测项目的控制标准要求都很明确,而国外标准的要求较为笼统,更为依赖技术人员的经验判断。

2)选测项目监测控制标准

根据《公路隧道施工技术规范》(JTG/T 3660—2020)的规定,进行选测项目监测时,控制标准如下:

①钢架内力及外力:0.1 MPa;

②围岩内部位移(洞内设点):0.1 mm;

③围岩内部位移(地表设点):0.1 mm;

④围岩压力:0.01 MPa;

⑤两层支护间压力:0.01 MPa;

⑥锚杆轴力:0.01 MPa;

⑦支护、衬砌内应力:0.01 MPa;

⑧围岩弹性波速度:在有代表性地段设置测点,无测试精度要求;

⑨爆破振动:在邻近建(构)筑物布置测点,无测试精度要求;

⑩渗水压力、水流量:0.01 MPa;

⑪地表下沉:0.5 mm;

⑫地表水平位移:0.5 mm。

【注】目前,搜集到的国外规范中并没有对监测选测项目的控制标准进行明确规定,参考国内相关技术要求执行。

3.2.4 测点布设要求

1)必测项目布设要求

根据《公路隧道施工技术规范》(JTG/T 3660—2020)的规定,进行必测项目监测时,布设要求如下:

①洞内、外观察:洞内观察应进行开挖工作面观察和已支护地段观察;洞外观察应记录洞口段、偏压段浅埋段以及特殊地质地段的地表开裂、沉段和边坡稳定状态等。

②周边位移:每5 ~ 100 m布设一个断面,每个断面布设2 ~ 3对测点。

③拱顶下沉:每5 ~ 100 m布设一个断面。

④地表下沉:布设在洞口段、浅埋段($h \leqslant 2.5b$),布置不少于2个断面,每个断面不少于3个测点。其中,h为隧道高度,b为隧道宽度。

⑤拱脚下沉:布设在富水软弱破碎围岩、流沙、软岩大变形、含水黄土、膨胀岩土等不良地质和特殊性岩土段。

【引】根据法国标准①的规定:

①径向位移监测点应固定在隧道已开挖区域的两个螺栓之间;

②监测开挖壁或地面上的点的径向位移时,引伸计应放置在深度为 6～12 m 的钻孔中;

③进行地面施加的压力测量时,应在地面支撑(或衬砌)界面处设置总压力传感器,通过安装在安全壁龛中的盒子进行监测。

【注】国内规范对测点的布设规定得更加具体,每一个监测项目都做了详细的要求。国外标准则是宽泛地对径向位移、压力测量测点布设做了要求,更为依赖技术人员的经验判断。

2) 选测项目布设要求

根据《公路隧道施工技术规范》(JTG/T 3660—2020)的规定,进行选测项目监测时,布设要求如下:

①钢架内力及外力:每代表性地段布设 1～2 个断面,每个断面布设钢架内力 3～7 个测点,或外力 1 对测力计;

②围岩内部位移(洞内设点):每代表性地段布设 1～2 个断面,每个断面布设 3～7 个钻孔;

③围岩内部位移(地表设点):每代表性地段布设 1～2 个断面,每个断面布设 3～5 个钻孔;

④围岩压力:每代表性地段布设 1～2 个断面,每个断面布设 3～7 个测点;

⑤两层支护间压力:每代表性地段布设 1～2 个断面,每个断面布设 3～7 个测点;

⑥锚杆轴力:每代表性地段布设 1～2 个断面,每个断面布设 3～7 个锚杆,每根锚杆布设 2～4 个测点;

⑦支护、衬砌内应力:每代表性地段布设 1～2 个断面,每个断面布设 3～7 个测点;

⑧围岩弹性波速度:布设在有代表性地段;

⑨爆破振动:布设在邻近建(构)筑物;

⑩渗水压力、水流量;

⑪地表下沉:布设在有特殊要求段落;

⑫地表水平位移:布设在有可能发生滑移的洞口段高边坡。

【注】目前,搜集到的国外标准中并没有对监测的选测项目的布设要求进行明确规定,参考国内相关技术要求执行。

①法国,《土木工程试点档案-4:挖掘和支护过程》。

4

隧道检测技术

4.1 隧道检测整体要求

采用各类检测技术手段,根据要求实施全面的隧道施工检测,保障工程安全、提高工程质量、加快工程进度、降低工程造价、推动工程施工技术的进步。

通过隧道检测建立和完善隧道建设检测工作的管理体系和运行机制,检测工作实现制度化、规范化、程序化,对工程质量实施长效管理。通过对施工过程中衬砌、断面等结构实体检测,对隧道实施超前地质预报进行进一步的地质探测等检测,全面实现工程建设质量目标,确保工程项目质量优良率达到既定目标。通过隧道检测预防工程质量通病,杜绝重大质量事故和质量隐患的发生。坚持以试验数据说话为原则,以规范要求为基准,为重大工程施工方案的决策及时提供准确的检测数据,加快工程施工进度;以现场检测和数据分析为基础,优化施工技术方案,推动工程施工技术进步。

4.2 隧道检测实施

隧道检测实施主要包含检测工作的技术要求、检测频率、成果判定标准、交竣工评定方法等内容。

4.2.1 隧道检测项目

根据《公路隧道施工技术规范》(JTG/T 3660—2020)的规定,隧道检测项目包括激光断面仪检测开挖断面、锚杆施工质量检查、锚杆抗拔力测试、锚杆锚固长度和密实度检测、喷射混凝土质量检测、钢筋网施工质量检测、钢架施工质量检测、喷锚衬砌断面尺寸检测、混凝土衬砌施工检查、模筑混凝土衬砌质量检测、混凝土抗渗性能试验、防水层施工质量检测、排水系统施工质量检测、围岩稳定措施、涌水处理措施、超前支护施工质量检查、超前地质预报、粉尘浓度测定、瓦斯检测、一氧化碳检测、硫化氢检测、盾构隧道管片质量检测、盾构隧道施工质量检测。

4.2.2　隧道检测内容

1）激光断面仪检测开挖断面

根据《公路隧道施工技术规范》（JTG/T 3660—2020）的规定，应对隧道开挖断面进行以下检测：

①拱部采用全站仪或断面仪进行检测，每20 m检测1个断面；

②边墙采用尺量的方法进行检测，每20 m检测3处；

③仰拱、隧底采用水准仪进行检测，每20 m检测3处。

【引】根据法国标准①的规定，应对隧道进行以下3个方面的检测：

①变形：测量壁上的相对径向位移；测量位于开挖壁或地面上的点的径向位移。

②约束：测量地面施加的压力，约束测量，地表沉降测量。

③检查地面松弛或破裂对机器实施的影响。当隧道掘进机配备防护罩时，还需要检查可能导致机器在高压下堵塞的摩擦条件。

【注】国内规范按照拱部、边墙、仰拱隧底3个部分对开挖断面进行检测，并对每个部分的检测范围都做了规定。法国标准也分3个部分对隧道检测进行规定，分别为变形、约束、地面变化对机器实施的影响。国内规范的规定更偏向于隧道在连续掘进时的断面检测，国外标准则注重单个开挖断面的检测。

2）锚杆施工质量检查

根据《公路隧道施工技术规范》（JTG/T 3660—2020）的规定，锚杆应符合下列基本要求：

①锚杆长度应不小于设计长度，锚杆插入孔内的长度不得小于设计长度的95%。

②砂浆锚杆和注浆锚杆的灌浆强度应不小于设计值和规范要求，锚杆孔内灌浆密实饱满。

③锁脚锚杆（管）的数量、长度、打入角度应满足设计要求。

【引】法国标准②未进行明确的施工质量检查的规定，参照国内规范内容，可列出锚杆施工质量检查的项目。

①锚杆的几何特性：包括锚杆每米的质量、每一批货的质量、螺纹部分的加工等方面。

②螺杆的验收检查：包括螺杆各个构件的物理特性、几何特性和力学性能。因此，同一批货中的每个构件，都应当分别进行检查。

---

①法国，《土木工程试点档案-4：挖掘和支护过程》。

②法国，《通用技术条款手册（C.C.T.G）　第69分册：地下工程》。

【注】对于锚杆施工质量检查方面,国内规范对锚杆长度、砂浆锚杆和注浆锚杆的灌浆强度及锁脚锚杆(管)的数量、长度、打入角度均有设计要求,检测需满足设计要求。国外标准未对锚杆施工质量检查的检测内容做相关规定。

3)锚杆抗拔力测试

根据《公路隧道施工技术规范》(JTG/T 3660—2020)的规定,通过现场试验,检测预应力锚索(杆)的抗拉拔承载力是否满足设计要求。

【引】根据法国标准①的规定,每根锚杆都需要按照对锚杆抗拔力检测标准中的规定进行检测。测试项目为:锚筋阻力、临界蠕变载荷、岩土工程的极限状态阻力、可维修性极限状态下的阻力、校验载荷、适合性测试、测试锚。

【注】国内规范中,锚杆抗拔力测试需通过现场试验,检测预应力锚索(杆)的抗拉拔承载力是否满足设计要求。国外标准对锚杆张拉需按照专业人士对锚杆的建议中所述的完整调试程序进行。

4)锚杆锚固长度和密实度检测

根据《公路隧道施工技术规范》(JTG/T 3660—2020)的规定,锚杆应符合下列基本要求:

①锚杆长度应不小于设计长度,锚杆插入孔内的长度不得小于设计长度的95%。

②砂浆锚杆和注浆锚杆的灌浆强度应不小于设计值和规范要求,锚杆孔内灌浆密实饱满。

③锁脚锚杆(管)的数量、长度、打入角度应满足设计要求。

【引】根据德国标准②的规定,用于传递横向力和固定板高度的销钉,应使用直径为25 mm、长度为500 mm的光滑圆钢制成的防腐蚀销钉。将防腐蚀销钉安装在固定板中间位置,这样才能有效阻止其膨胀。

【注】对于锚杆锚固长度和密实度检测质量检查方面,国内规范对锚杆长度、砂浆锚杆和注浆锚杆的灌浆强度及锁脚锚杆(管)的数量、长度、打入角度均有设计要求,检测需满足设计要求。德国标准对用传递横向力和固定板高度的销钉有一定的要求。

5)喷射混凝土质量检测

根据《公路隧道施工技术规范》(JTG/T 3660—2020)的规定,喷射混凝土质量检测应包括以下内容:

①开挖断面质量、超欠挖处理、围岩表面渗漏水处理应符合施工技术规范规定,受喷

---

①法国,《通用技术条款手册(C.C.T.G) 第68分册:地基》。

②德国,《德国建筑合同规程(VOB) 第C部分:建筑合同(ATV)中的通用技术规范 道路施工 带水硬性黏合剂的路面层》(DIN 18316 2010-04)。

岩面应清洁。

②喷射混凝土支护应与围岩紧密黏结,结合牢固,不得有空洞。喷层内不应存在片石和木板等杂物。严禁挂模喷射混凝土。

③钢架与围岩之间的间隙应采用喷射混凝土充填密实。

④喷射混凝土表面平整度应符合施工技术规范规定。

【引】根据法国标准①的规定:

(1)灌浆施工的检测

灌浆施工应报监理工程师批准,不得超过灌浆压力或流量极限值。承包商应采取一切有效措施,特别是在灌浆设备输出口安装限压装置。此外,除非《特别技术条款手册》另有规定,每台灌浆设备应始终连接一个自动压力记录仪和一个压力显示计。对于每台灌浆设备,承包商均应提供一份报告,报告应说明以下内容:

①每项工程的日期及施工期限;

②钻探处理的编号,必要时,需说明灌浆深度;

③灌浆产品性质及数量;

④当同一性质的灌浆产品进行多道施工时,应说明每道灌浆开始和结束时的压力;承包商应保存灌浆记录的压力测量图,随时提供监理工程师使用,并在项目结束时提交监理单位。

(2)喷射混凝土的检测

当使用喷射混凝土作为支撑时,承包商应该在支撑设计方案中说明喷射混凝土的平均厚度和最小厚度、喷射混凝土的层数及每层的平均厚度。可能的话,还应说明埋设的焊接钢筋网的特性及其固定方式。

【注】国内规范对喷射混凝土质量从开挖断面质量、超欠挖处理、围岩表面渗漏水处理、喷射混凝土支护与围岩紧密黏结程度、钢架与围岩之间的间隙采用喷射混凝土充填密实度、喷射混凝土表面平整度等方面进行检测。法国标准规定,喷射混凝土需由承包商负责检测、记录,并形成报告内容。其中,应明确对喷射混凝土的平均厚度和最小厚度、喷射混凝土的层数及每层的平均厚度,并可以选择是否检测埋设的焊接钢筋网的特性及其固定方式。

6)钢筋网施工质量检测

根据《公路隧道施工技术规范》(JTG/T 3660—2020)的规定,钢筋网铺设应在初喷混凝土后进行。

【引】根据法国标准②的规定,钢筋网由钢筋焊接组成,钢筋网网眼的边长不能小于

---

① 法国,《通用技术条款手册(C.C.T.G)　第69分册:地下工程》。
② 法国,《通用技术条款手册(C.C.T.G)　第69分册:地下工程》。

100 mm。钢丝的直径要足够细,但不能小于 3 mm。

【注】关于钢筋网施工质量检测,国内规范仅要求钢筋网铺设应在初喷混凝土后进行,法国标准对钢筋网的网眼、钢丝直径都有具体规定。

7)钢架施工质量检测

根据《公路隧道施工技术规范》(JTG/T 3660—2020)的规定:

①钢架之间应采用纵向钢筋连接,安装基础应牢固。

②钢架安装基底高程不足时,不得用石块、碎石砌垫,应设置钢板或采用强度等级(不小于 C20)混凝土垫块。

③钢架应紧靠初喷面。

④连接钢板与钢架应焊接牢固,焊缝饱满密实;钢架节段之间应通过钢板用螺栓连接或焊接牢固。

【引】根据法国标准①的规定,金属拱架应满足下列要求:

①在使用金属拱架的情况下,承包商应在支撑设计方案中说明所用拱架的类型、拱架之间可能需要使用的护板、拱架之间的间距、拱架底部的支撑装置、拱架的撑杆装置、拱架的固定装置。

②拱架的类型应根据型钢的型号和特性(截面、质量、惯性矩、回转半径、惯性模量)确定,按照《法国标准化协会》(AFNOR)执行。根据各构件的组装确定钢材型号。

③确定拱架尺寸时,应考虑的钢材最大应力:普通软钢型材强度为 120 MPa;用于滑动拱架为 A52 号钢材或同类钢材,强度为 37~160 MPa。

④金属护板由下列因素确定:所用型钢的性质和护板的尺寸(护板的长度、宽度和厚度),护板钢材的型号,护板的间距;可能的话,还包括护板组装的方式。

【注】关于钢架施工质量检测,国内规范对钢架间稳定性、基底高程、初喷面、连接焊缝等有要求,法国标准对金属拱架的类型、间距、固定装置、撑杆装置、支撑装置、所用型钢的性质和护板的尺寸(护板的长度、宽度和厚度)等有检测要求。

8)喷锚衬砌断面尺寸检测

根据《公路隧道施工技术规范》(JTG/T 3660—2020)的规定:

①开挖断面质量、超欠挖处理、围岩表面渗漏水处理应符合施工技术规范规定,受喷岩面应清洁。

②喷射混凝土支护应与围岩紧密黏结,结合牢固,不得有空洞。喷层内不应存在片石和木板等杂物。严禁挂模喷射混凝土。

③钢架与围岩之间的间隙应采用喷射混凝土充填密实。

④喷射混凝土表面平整度应符合施工技术规范规定。

---

①法国,《通用技术条款手册(C.C.T.G) 第69分册:地下工程》。

⑤喷射混凝土表面应无漏喷、离鼓、钢筋网和钢架外露。

【注】国内规范对喷射混凝土质量从开挖断面质量、超欠挖处理、围岩表面渗漏水处理、喷射混凝土支护与围岩紧密黏结程度、钢架与围岩之间的间隙采用喷射混凝土充填密实度、喷射混凝土表面平整度、喷射混凝土表面缺陷5个方面进行检测;国外标准中未对喷射混凝土施工质量检查的检测内容做相关规定。

9)混凝土衬砌施工检查

根据《公路工程质量检验评定标准 第一册 土建工程》(JTG F80/1—2017)的规定,混凝土衬砌施工质量检测项目如表4.1所示。

表4.1 混凝土衬砌施工质量检测项目

项次	检查项目	规定值或允许偏差	检查方法和频率
1△	混凝土强度/MPa	在合格范围内	按附录B检查

注:附录B指《公路工程质量检验评定标准 第一册 土建工程》(JTG F80/1—2017)中附录B。

【注】国内规范对混凝土衬砌施工检查有明确的规定,主要从衬砌的功能出发,对混凝土质量进行规定。国外标准未找到混凝土衬砌施工检查相关的内容。

10)模筑混凝土衬砌质量检测

根据《公路工程质量检验评定标准 第一册 土建工程》(JTG F80/1—2017)的规定,混凝土衬砌检测项目应符合表4.2的要求。

表4.2 混凝土衬砌检测项目

项次	检查项目	规定值或允许偏差	检查方法和频率
1△	混凝土强度/MPa	在合格标准内	按附录B检查
2	衬砌厚度/mm	90%的检查点的厚度不小于设计厚度,且最小厚度不小于设计厚度的1/2	尺量:每20 m检查一个断面,每个断面测5点; 按附录C检查:沿隧道纵向分别在拱顶、两侧拱腰、两侧边墙连续测试共5条测线,每20 m检查一个断面,每个断面测5点
3	墙面平整度/mm	施工缝、变形缝处不大于20	2 m直尺:每20 m每侧连续检查5尺,每尺测最大间隙
		其他部位不大于5	
4△	衬砌背部密实状况	无空洞,无杂物	按附录C检查:沿隧道纵向分别在拱顶、两侧拱腰、两侧边墙连续测试共5条测线

注:附录B、附录C指《公路工程质量检验评定标准 第一册 土建工程》(JTG F80/1—2017)中附录B、附录C。

【引】法国标准①对混凝土衬砌质量的检测没有专门的章节,以下是对地下工程衬砌质量的要求:关于纵断面施工允许误差,在构造物砌面上沿母线不允许突然出现任何凹凹不平。

【注】国内规范对模筑混凝土衬砌质量检测的要求较多,且较具体,主要包括混凝土强度、衬砌厚度、墙面平整度和衬砌背部密实状况。国外标准未找到专门规定模筑混凝土衬砌质量检测的内容,通常对衬砌质量主要从纵断面施工误差进行规定。

国内规范关于模筑混凝土衬砌的规定涉及衬砌的密实、表面的平整度及厚度、混凝土强度,而国外标准只规定了表面平整度。

11) 混凝土抗渗性能试验

根据《普通混凝土长期性能和耐久性能试验方法标准》(GB/T 50082—2009)的规定,渗水高度法适用于测定硬化混凝土在恒定水压力下的平均渗水高度,用来表示的混凝土抗水渗透性能。

【引】根据法国标准②的规定,耐久性试验的参考方法如下:

①水孔隙率:参照标准《混凝土 硬化混凝土试验》(NF P18-459)进行;

②透气性:参照标准《测试硬化混凝土透气性》(XP P18-463)进行;

③吸水性测试:参照标准《预制混凝土通用规范》(NF EN 13369)进行。结果四舍五入到最接近的0.1%,对应于在水中放置28天测试的3个未受保护的模制试样获得的平均值。

根据英国标准③的规定,无混凝土抗渗性能试验的检测方法,可参见关于抗渗的土工合成屏障(聚合物、沥青、黏土)和防水层施工中液密性相关部分内容。

耐干湿性适用条件:需要测定耐水材料在经过干湿循环混合作用后的耐受性数据。暴露样品的透水率与未暴露样品的透水率之比不应超过5。

关于土工合成屏障的水力特性测试项目包括液密性、膨胀指数、透气性。

【注】国内规范对混凝土抗渗性能的检测技术手段分为渗水高度法、逐级加压法两种。根据不同的情况,采用不同的方法进行测定,但并未列出具体的检测项目。

与国内规范不同,法国标准对混凝土抗渗性能的水孔隙率、透气性和吸水性进行检测;欧洲(英国)标准中并未详细列出对混凝土抗渗性能的具体检测项目和方法,在此列出与其具有相同作用的隧道防水层(抗渗)的土工合成屏障(分为聚合物 GBR-P、沥青GBR-B、黏土 GBR-C)的检测项目规定,其水力特性测试项目包括液密性、膨胀指数、透气性。

---

①法国,《通用技术条款手册(C.C.T.G) 第69分册:地下工程》。
②法国,《通用技术条款手册(C.C.T.G) 第65分册:执行土木工程的具体方法》。
③英国,《土工合成挡墙 隧道和相关地下结构施工所需的特性》(BS EN 13491—2018)。

12）防水层施工质量检测

根据《公路工程质量检验评定标准 第一册 土建工程》（JTG F80/1—2017）的规定，防水层施工应符合下列基本要求：

①防水材料铺设前，喷射混凝土基面不得有钢筋、凸出的管件等尖锐物。

②隧道断面变化处或转弯处的阴角应抹成半径不小于 50 mm 的圆弧。

③防水层施工时，基面不得有明水。

防水层施工质量检测项目包括搭接长度、缝宽（焊缝、黏缝）、固定点间距、焊缝密实性。

【引】根据英国标准①的规定，用于建造隧道和相关地下结构的土工合成屏障的主要作用是防止或减少流体通过结构的流动。该标准还列出了在何种条件下的隧道使用哪种类型的土工合成屏障。

需注意的是，该标准所提到的对土工合成屏障相关的检测是对屏障产品本身的检测，而不是对隧道工程的质量检测。

（1）适用条件

对于与特定使用条件相关的特性，应提供基于标准中描述的测试要求和测试方法的必要数据，用于项目规范中描述的相关功能和使用条件（附表 1②）。附表 1 中的特性列表包括与所有使用条件（A）相关的特性（基本特性列于表 ZA.1② 中），以及与特定使用条件相关的特性（S）。这些特定的使用条件（S）在 4.4.2 到 4.4.10③ 列出。如果所考虑的产品是多组分屏障，则要求保护的 GBR 性能应符合表 1② 中列出的特性。

①透气性：当可能发生来自地下气体的健康或安全风险，或当它是由环境引起时，需要有关气体渗透率的数据。应由具有相应资质的人员做出包含此特性的决定。无论何时，将 GBR-C 用作唯一的阻气层，都应确保 GBR-C 在使用中保持湿润，以充当阻气层。

②爆破强度和伸长率：在土工合成屏障因沉降、设计或意外情况下的变形而发生多轴变形的所有应用中，都需要有关爆裂强度和伸长率的数据。

③撕裂强度：当聚合物和沥青屏障铺设在斜坡或倾斜表面或以其他方式受到机械应力时，需要有关其撕裂强度的数据。

④低温行为：对于聚合物和沥青产品在储存、建造和使用过程中可能暴露于低温的应用，需要有关低温行为的数据。在单一温度条件下，设定简单的合格（不合格）标准的测试可能不适用于此。当环境温度低于 0 ℃ 时，不要储存或安装预饱的 GBR-C。

⑤风化：对于 GBR-C 屏障将在没有足够保护层的情况下暴露于风化的应用，需要有关风化的数据（润湿循环、温度变化和暴露于紫外线的综合影响）。应注意的是，在所有

---

①英国，《土工合成挡墙 隧道和相关地下结构施工所需的特性》（BS EN 13491—2018）。

②附表 1、表 ZA.1、表 1 参见《土木合成挡墙 隧道和相关地下结构施工所需的特性》（BS EN 13491—2018）。

③参见《土工合成挡墙 隧道和相关地下结构施工所需的特性》（BS EN 13491—2018）。

正常情况下,GBR-C 屏障应在同一工作日或在任何可能导致黏土成分水化的情况之前,用土壤或其他护岸覆盖。

⑥耐干湿性:当使用条件将使产品经受一系列作用时,需要有关 GBR-C 对反复润湿和干燥的耐受性数据。暴露样品的透水率与未暴露样品的透水率之比不应超过5。

⑦抗冻融循环:当使用条件会使产品经受一系列操作时,需要有关 GBR-C 抗冻(融)的数据。暴露样品的透水率与未暴露样品的透水率之比不应超过5。

⑧抗根穿透:在土工合成屏障暴露于含有恢复性植被的土壤中的所有应用中,都需要有关根部穿透的数据。

⑨耐化学性:这应仅限于考虑铺设材料的基材和(或)储存水中所含的化学物质。

(2)测试项目

测试项目包括以下内容:

①物理性质,包括厚度、单位面积质量。

②水力特性,包括液密性、膨胀指数、透气性。

③机械性能,包括抗拉强度、塑性性能、静态穿刺、爆破长度和伸长率、撕裂强度。

④热性能,包括低温行为(弯曲)、热膨胀。

⑤耐用性,包括风化、微生物、氧化、环境应力开裂、耐化学性、耐湿润(干燥)、抗冻融、抗根穿透、对火的反应。

附表1[①]中的特性列表包括与所有使用条件(A)相关的特性(基本特性列于表 ZA.1[①]中),以及与特定使用条件相关的特性(S)。这些特定的使用条件(S)在4.4.2 到4.4.10[①]列出。

如果所考虑的产品是多组分屏障,则要求保护的 GBR 的性能应符合附表1 中列出的特性。

根据法国标准[②]的规定,防水层施工质量检测项目如下:

①浇注或撒布产品:对现场可聚合或得到聚合的产品进行黏合试验、邵氏 A 硬度、测量厚度、纵向拉伸试验。

②沥青聚合物防水层薄膜:进行黏合试验。

③防水层拱背用合成薄膜:

a.采用半透明(PVC)薄膜时,监理和总承包单位联合进行熔接效果目视检查;对于非半透明薄膜材料,则进行无损质检。

b.破坏性熔接质检试验:目视检查发现有疑问区域时,不包括这些试验。

c.剥离试验:如果是开挖隧道,在熔接开始或结束的坠落物中,可以进行大部分的破坏性试验。

---

①参见《土工合成挡墙 隧道和相关地下结构施工所需的特性》(BS EN 13491—2018)。
②法国,《通用技术条款手册(C.C.T.G) 第67分册:地下构造物的防水密封性》。

④拱腹处防水涂层:采用叩诊听声法检测其黏合性。

【注】国内规范对防水层施工质量的检测主要包括外观的定性检测以及对防水层接缝处的各项检测,均进行了明确规定。

英国标准将土工合成屏障(即防水层)分为聚合物 GBR-P、沥青 GBR-B、黏土 GBR-C 三类并分别进行规定,对检测项目以及各项目的适用条件进行了明确的规定,涵盖防水层性质的方方面面。法国标准也将防水层根据不同材料分为几类并分别进行规定,各类防水层的检测项目略有不同,但主要包括目视检查以及各类黏合、剥离试验等,以检测防水层的强度。

值得注意的是,国内规范对防水层施工质量的检测主要是针对防水层在隧道施工完成后的质量检测。国外标准主要是对各防水层出厂后、在隧道中铺设前进行检测。与国内规范相比,国外标准检测的范围更广。

13)排水系统施工质量检查

根据《公路工程质量检验评定标准　第一册　土建工程》(JTG F80/1—2017)的规定,排水系统应符合下列基本要求:

①隧道纵向排水管、横向排水管、环向排水管的材质和规格应满足设计要求。

②横向排水管、环向排水管的间距应满足设计要求。

③纵向排水管、中心排水沟(管)基座的坡度应满足设计要求。

④排水管整体线形应平顺,排水管接头应不得出现松动。

⑤防排水工程施工完成后,应清理排水系统中的建筑垃圾,及时疏通排水管道,并进行灌水排水试验。

排水系统项目包括混凝土强度、轴线偏位、断面尺寸或管径、壁厚、沟底高程、纵坡、基础厚度。

排水外观质量应符合下列规定:沟槽盖板无松动、破损。

【引】根据法国标准①的规定,该部分主要是对施工过程中地下水排水系统的设计要求,没有明确指出对排水系统施工质量的检查。

(1)一般原则

对于长度小于 400 m 的隧道,在地块的集水系统中增加了检修孔,间距最大为 100 m。这些检修孔位于小壁龛中,收集到的水可以直接排放到自然环境中,无须连接到一般的收集器。对于长度超过 400 m 的隧道,从地块中收集的水最好通过间距最大为 100 m 的人孔连接到收集器(如果可能,与安全壁龛一致),包括将水直接排到自然环境中的特定收集器。

---

①法国,《通用技术条款手册(C.C.T.G)　第 69 分册:地下工程》。

（2）位置和对几何的影响

①墙底集水:从地块收集水的装置安装在侧壁的底部,需要增加地块的厚度,以免造成薄弱点。

②道路下的水收集:排水管安装在道路边缘或人行道下方进行。必须保护排水管出水口,以免在工作过程中被工程机械损坏。人孔可以是卫生设施的人孔,前提是它们的设计不允许与卫生网络互连。

根据法国标准①的规定,其中只用一句话简要说明,不涉及具体的检测频率、技术手段等。在工程施工期间,设置的最终排水构造物应由承包商进行管理并保持良好状态,直至工程验收。

【注】国内规范对排水系统施工质量检查的项目主要涵盖了排水系统的材料强度以及外观检查,对各部分尺寸的检查进行了明确的规定。法国标准中,在进行排水系统的检查时,并未对其尺寸等进行明确要求;在设计时,对排水、集水系统进行了要求。此外,法国标准要求,在施工期间排水系统需由承包商进行管理并保持良好状态至工程验收,但并未列出具体的"管理方法"等。

14) 围岩稳定措施

根据《公路隧道施工技术规范》(JTG/T 3660—2020)的规定,在隧道施工容易造成地表下沉、围岩失稳和坍塌、围岩大变形的地段,可采用地面砂浆锚杆、地表注浆、地面旋喷桩、围岩超前注浆、围岩径向注浆、超前水平旋喷桩、长锚杆、锚索等进行围岩加固。当某一种围岩加固措施难以保证围岩稳定、施工安全时,可以同时采用多种加固措施联合使用。

围岩加固有两种途径:一是从地面对围岩进行加固;二是在洞内对围岩进行加固。地面加固措施包括地面砂浆锚杆、地表注浆、地面旋喷桩;洞内加固措施包括围岩超前注浆、围岩径向注浆、超前水平旋喷桩、长锚杆、锚索等。在围岩自稳性特别差的地段,有时需要采用多种围岩加固措施。

【引】根据法国标准②的规定,该部分对工作面的支撑和预支撑进行了规定。预支撑包括3种类型:

①钢筋库:在工作面周边放置纵向钢筋或钢板,通常为圆周的1/3或1/4。

②预拱顶库:一种设计的预支撑结构,将混凝土放置在凹槽内,通过机械预切割制作。在地面使用时,使用喷射灌浆可以在执行质量非常好的情况下获得更长的预拱顶。

③加强环:为创建一个厚实的加固地形环,在隧道周围和前面,通常通过密集的螺栓将其连接制成,也可以通过主开挖之前的导向通道径向螺栓连接制成。

---

①法国,《土木工程隧道试点档案-7:卫生、排水和杂项网络》。
②法国,《土木工程隧道试点档案-7:卫生、排水和杂项网络》。

【注】围岩稳定措施是为保证围岩在隧道施工过程中保持稳定性采取的措施,故不涉及检测的内容。国内规范中,采用的围岩稳定措施以各类锚杆和注浆为主,分为地面和在洞内加固两种途径。国外标准中未写明具体的围岩稳定措施。法国标准对工作面的支撑和预支撑措施进行了规定。

15) 涌水处理措施

根据《公路隧道施工技术规范》(JTG/T 3660—2020)的规定,隧道涌水处理应符合"预防为主、疏堵结合、注重保护环境"的原则。

隧道涌水处理应根据现场情况,采取超前围岩预注浆堵水、开挖后径向注浆堵水、超前钻孔排水、坑道排水等措施。

注浆堵水材料性能应符合设计规定。注浆堵水应按永久堵水效果考虑,应具有快速凝固、早强和耐久等性能。初凝时间应满足施工需要。

采用注浆堵水时,注浆前宜进行压稀浆试验,测定注浆压力、地层吸浆能力、浆液扩散半径、浆液凝固时间。

隧道开挖后,周边围岩出现涌水、股状水、大面积渗水时,应根据围岩条件、地下水类型、地下水性质、补给条件、允许排放量、环保要求,以及对施工的影响程度等,采用全断面径向注浆、局部径向注浆和径向点注浆等堵水措施。集中出水点应埋设导管原位引出。

径向注浆是隧道开挖后对周边围岩的注浆,将地下水堵在围岩体以内,控制地下水流失,同时也可以起到加固围岩的作用;全断面径向注浆一般是指对整个拱墙开挖断面整环注浆,有时也包括对仰拱的一次性注浆;局部注浆一般是指对开挖断面某一区域进行注浆(如只对隧道一侧,或只对拱顶部位,或只对仰拱进行注浆),也包括局部点注浆。补注浆是对已实施注浆的围岩段仍有较严重的涌(淋)水而进行的进一步注浆。点注浆一般是指对集中出水点、股状水进行注浆。由于封闭了围岩,出水点可能被覆盖,埋设导管是为了准确确定出水点位置,便于注浆孔布置和确定注浆顺序。

隧道周边局部渗漏水时,可采用局部径向注浆;周边大面积渗漏水时,可采用全断面径向注浆。

当隧道开挖前方发现水体,可能出现涌水时,可采用超前围岩注浆堵水以及超前探孔排水、坑道排水等封堵地下水、降压排水措施。

在需采取超前注浆堵水的地段,应根据前方围岩地质条件、水文地质条件、施工条件等,选择采用超前全断面帷幕注浆、超前周边注浆和超前局部注浆。

【注】国内规范中规定了明确的涌水处理措施,针对不同涌水情况采取不同措施进行处理,但国外标准中并未进行规定。

16) 超前支护施工质量检查

根据《公路隧道施工技术规范》(JTG/T 3660—2020)的规定:

①超前锚杆施工质量检查:超前锚杆长度、锚杆数量、锚杆环向间距、孔深、锚杆尾端支承。

②超前小导管施工质量检查:小导管长度、小导管数量、小导管环向间距、钻孔深度、小导管尾端支承、小导管管内砂浆。

③超前管棚施工质量检查:管棚钢管长度、管棚钢管数量、管棚钢管环向间距、钻孔深度、管棚钢管管内钢筋笼、管棚钢管管内砂浆、套拱中线位置、套拱拱顶高程、套拱厚度、套拱跨度。

【引】法国标准①未进行明确的施工质量检查的规定,参照国内规范内容,可列出锚杆施工质量检查的项目。

①锚杆的几何特性:锚杆每米的质量、每一批货的质量、螺纹部分的加工。

②螺杆的验收检查:螺杆各个构件的物理特性、几何特性和力学性能。因此,同一批货中的每个构件,都应分别进行检查。

【注】国内规范中规定的施工质量检查主要包括超前锚杆、超前小导管、超前管棚3个部分,针对各个部分分别列出了需要进行检查的项目。国外标准中未对施工质量检查的检测内容做出相关规定。但若类比于国内规范内容,则可列出超前锚杆的检查内容。法国标准中的相关规定较为笼统,相比国内规范更为宽泛,未列出具体的检测项目,仅规定对锚杆的几何特性进行检查;在验收时,需要对其物理特性和力学性能也进行检查。

17)超前地质预报

根据《公路隧道施工技术规范》(JTG/T 3660—2020)的规定,超前地质预报包括地层岩性预报、地质构造预报、不良地质预报、地下水预报、断层超前预测预报、岩溶超前预测预报、煤层瓦斯预测预报。

【引】根据法国标准②的规定,超前地质预报的检测项目包括钻探、探井、探测坑道。

【注】国内规范关于超前地质预报的规定基于施工中可能遇到的复杂状况,进行了详细的分类。国外标准的检测项目从检测手段出发并进行分类。国内规范的超前地质预报规定较为明确和具体,国外标准规定多为概括性要求。

18)粉尘浓度测定

根据《公路隧道施工技术规范》(JTG/T 3660—2020)的规定,工作场所空气中粉尘容许浓度应符合表4.3的要求。

---

①法国,《通用技术条款手册(C.C.T.G) 第69分册:地下工程》。
②法国,《通用技术条款手册(C.C.T.G) 第69分册:地下工程》。

表4.3　工作场所空气中粉尘容许浓度

名称		PC-TWA/(mg·m⁻³)		临界不良健康影响
		总粉尘	呼吸性粉尘	
白云石粉尘		8	4	尘肺病
沉淀 SiO_2(白炭黑)		5	—	上呼吸道及皮肤刺激
大理石粉尘(碳酸钙)		8	4	眼、皮肤刺激,尘肺病
电焊烟尘		4	—	电焊工尘肺
沸石粉尘		5	—	尘肺病、肺癌
硅灰石粉尘		5	—	—
硅藻土粉尘(游离 SiO_2 含量<10%)		6	—	尘肺病
滑石粉尘(游离 SiO_2 含量<10%)		3	1	滑石尘肺
煤尘(游离 SiO_2 含量<10%)		4	2.5	煤工尘肺
膨润土粉尘		6	—	鼻、喉、肺、眼刺激,支气管哮喘
石膏粉尘		8	4	上呼吸道、眼和皮肤刺激,肺炎等
石灰石粉尘		8	4	眼、皮肤刺激,尘肺
石墨粉尘		4	2	石墨尘肺
水泥粉尘(游离 SiO_2 含量<10%)		4	1.5	水泥尘肺
炭黑粉尘		4	—	炭黑尘肺
矽尘	10%≤游离 SiO_2 含量≤50%	1	0.7	矽肺
	50%<游离 SiO_2 含量≤80%	0.7	0.3	
	游离 SiO_2 含量>80%	0.5	0.2	
稀土粉尘(游离 SiO_2 含量<10%)		2.5	—	稀土尘肺、皮肤刺激
萤石混合性粉尘		1	0.7	矽肺
云母粉尘		2	1.5	云母尘肺
珍珠岩粉尘		8	4	眼、皮肤、上呼吸道刺激
蛭石粉尘		3	—	眼、上呼吸道刺激
重晶石粉尘		5	—	眼刺激、尘肺
其他粉尘		8	—	—

注:①表中的其他粉尘指游离 SiO_2 含量低于10%,不含石棉和有毒物质,而尚未确定容许浓度的粉尘。

②表中列出的各种粉尘中,凡游离 SiO_2 含量高于10%者,均按矽尘容许浓度对待。

③PC-TWA:时间加权平均容许浓度,以时间为权数规定的8 h 工作日、40 h 工作周的平均容许接触浓度。

④总粉尘:可进入整个呼吸道(鼻、咽和喉、胸腔支气管、细支气管和肺泡)的粉尘,简称"总尘"。技术上是指用总粉尘采样器按标准方法在呼吸带测得的所有粉尘。

⑤呼吸性粉尘:按呼吸性粉尘标准测定方法所采集的可进入肺泡的粉尘粒子,其空气动力学直径均在 7.07 μm 以下,空气动力学直径 5 μm 粉尘粒子的采样效率为50%,简称"呼尘"。

【注】国内规范对粉尘种类、浓度进行了详细分类。未能找到专门对粉尘检测进行规定的国外标准。

19) 瓦斯检测

根据《公路隧道施工技术规范》(JTG/T3660—2020)的规定:

①隧道施工应进行有害气体检测。

②含甲烷等爆炸性气体的天然气、石油气、沼气、瓦斯等有害气体监测应由专业监测单位实施。

【注】国内规范对瓦斯检测做了概述性规定,明确了瓦斯为必测项目。国外标准未找到瓦斯检测方面的内容。

20) 一氧化碳检测

根据《公路隧道施工技术规范》(JTG/T 3660—2020)的规定,对一氧化碳的检测要求如表4.4所示。

表4.4　工作场所空气中有毒物质容许浓度　　　　单位:mg/m³

名称			MAC	PC-TWA	PC-STEL
一氧化碳	非高原		—	20	30
	高原	海拔2 000~3 000 m	20	—	—
		海拔>3 000 m	15	—	—
二氧化碳			—	9 000	18 000

注:①MAC:最高容许浓度,指在一个工作日内任何时间都不应超过的浓度。

②PC-STEL:短时间接触容许浓度,在遵守PC-TWA前提下容许短时间(15 min)接触的浓度。

【注】国内规范对工作场所中一氧化碳浓度进行了规定,未找到国外标准对一氧化碳浓度检测规定的内容。

21) 硫化氢检测

根据《公路隧道施工技术规范》(JTG/T 3660—2020)的规定,硫化氢检测内容详见本章表4.12。

【注】国内规范对工作场所中硫化氢浓度进行了规定,未找到国外标准对硫化氢浓度检测规定的内容。

22) 盾构隧道管片质量检测

根据《公路隧道施工技术规范》(JTG/T 3660—2020)的规定,应对盾构隧道管片进行以下检测:

（1）混凝土管片外观检验项目

主控项目：贯穿裂缝，内、外弧面露筋，孔洞、疏松、夹渣、蜂窝，非贯穿性裂缝；一般项目：拼接面裂缝，麻面、黏皮，缺棱掉角、飞边，环、纵向螺栓孔。

（2）混凝土管片尺寸检验项目

主控项目：宽度、厚度；一般项目：钢筋保护层厚度。

（3）盾构隧道管片水平拼装尺寸的检验项目

其包括成环后内径、成环后外径、环向缝间隙、纵向缝间隙。

【引】根据美国标准①的规定，应对隧道混凝土结构进行以下的检测：起鳞剥落、裂缝、起壳剥落、泥球、风化、着色、空心区域、蜂窝、渗漏。

【注】国内规范对盾构隧道的管片从外观、尺寸、水平拼装尺寸3个方面进行质量检测，每个方面还分为主控项目和一般项目，划分非常细致全面。美国标准则是从9个方面对隧道混凝土结构进行检测。值得注意的是，这9个检测项目都可对应于国内规范的外观检验项目。国内规范不仅对管片外观检测做了规定，还注重管片拼装时的质量检测。国外标准只对外观质量做了一些要求。

23）盾构隧道施工质量检测

根据《公路隧道施工技术规范》（JTG/T 3660—2020）的规定，应对盾构隧道施工进行以下检测：

①隧道轴线和高程，包括隧道轴线平面位置、隧道轴线高程。

②管片拼装，包括衬砌环直径椭圆度、相邻管片的径向错台、相邻环片环面错台。

【注】国内规范对盾构隧道施工质量检测还做了具体要求，国外标准对这方面的检测暂无。

4.2.3　隧道检测实施技术要求

1）开挖断面检测

根据《公路隧道施工技术规范》（JTG/T 3660—2020）的规定，对隧道开挖断面进行检测可以采用以下方法：

①拱部采用全站仪或断面仪进行检验。

②边墙采用尺量的方法进行检验。

③仰拱、隧底采用水准仪进行检验。

---

①美国，《HRTTIM 公路和轨道交通隧道检查手册》。

【引】根据法国标准①的规定,对隧道断面可以采用以下方法检测:测量壁上的相对径向位移采用伸缩杆或磁带测距仪进行测量;测量位于开挖壁或地面上的点的径向位移采用引伸计。

【注】国内规范对拱部、边墙、仰拱隧底采用全站仪、断面仪、水准仪等仪器进行检测。法国标准中,未对断面监测技术手段及性能详细说明,但通过监控量测技术手段可以看出,断面检测主要以测距技术为主。

2)锚杆施工质量检查

根据《公路隧道施工技术规范》(JTG/T 3660—2020)的规定,锚杆施工质量检查的技术手段如下:

①数量(根):采用目测,现场逐根清点。

②抗拔力(kN):采用拉拔仪抽查1%,且不少于3根。

③孔位(mm):采用尺量,抽查10%。

④孔深(mm):采用尺量,抽查10%。

⑤孔径(mm):采用尺量,抽查10%。

【引】根据法国标准②的规定,锚杆施工质量检查所用的技术手段如下:

(1)锚杆的几何特性

①锚杆每米质量:从锚杆(螺纹部分除外)断面提取出的每米质量与螺杆额定直径计算出的每米质量的允许误差,不能超过+5%。

②螺杆长度:交货时,每根螺杆的实际长度与订货时确定的长度的允许误差不能超过±50 mm。

③同一批相同额定直径螺杆的质量与由额定直径计算出的质量允许误差不能超过+4%。

④在螺纹部分的加工方面,螺纹加工允许误差应符合《三角螺纹公制螺纹加工:螺纹加工允许误差的国际标准化组织(ISO)体系》[参见法国标准《螺纹加工工艺规范》(NF 03.054)]中规定的允许误差。螺纹部分的检测按照《螺杆行业产品:技术规格》[参见法国标准《螺杆行业产品规范》(NFE127005)第3条和第15条]中规定的条件,按常规检测条件进行。

(2)螺杆的验收检查

螺杆的验收检查包括螺杆各个构件的物理特性、几何特性和力学性能。因此,同一批货中的每个构件,都应分别进行检查。

(3)螺杆检查试验

在施工期间,承包商应对已实施就位的螺杆进行检查试验。这些试验的条件与适应

---

①法国,《土木工程试点档案-4:挖掘和支护过程》。

②法国,《通用技术条款手册(C.C.T.G) 第69分册:地下工程》。

性试验条件相同,但是不能在荷载大于使用荷载20%时进行。

检查试验的抽查比例:对每1 000根实施的螺杆,测试5次。检查试验的结果要尽快通知监理单位。

如果检查试验表明,螺杆的单位能力低于论证说明中的使用荷载,承包商必须负责修改螺杆设置图,以获得与设计要求相同的支承能力。

【注】国内规范对锚杆施工质量检测采用尺量法,从数量、抗拔力、孔位、孔深、孔径4个方面进行检查;法国标准从锚杆的几何特性、螺杆的长度、螺纹部分的加工、每一批货的质量,以及各个构件的物理特性、几何特性和力学性能等方面进行检查。

3)锚杆抗拔力测试

根据《公路隧道施工技术规范》(JTG/T 3660—2020)的规定,锚杆进行抗拔力测试的方法如下:

(1)试验设备

试验设备包括千斤顶、压力表、0~50 mm百分表、加压油泵等。

(2)测试原理

①验收试验中,每级荷载均应稳定5~10 min,并记录位移增量。最后一级试验荷载应维持10 min。如在1~10 min内锚头位移增量超过1.0 mm,则该级荷载应再维持50 min,并在15 min、20 min、25 min、30 min、45 min和60 min时记录锚头位移增量。

②加荷至最大试验荷载并观测10 min,待位移稳定后即卸荷至0.1 N,然后加荷至锁定荷载锁定。绘制荷载-位移(Q-s)曲线。

(3)试测方法

永久性锚杆的最大试验荷载应取锚杆轴向拉力设计值的1.5倍;临时性锚杆的最大试验荷载应取锚杆轴向拉力设计值的1.2倍。

(4)验收试验

验收试验应分级加荷,初始荷载宜取锚杆轴向拉力设计值的10%,分级加荷值宜取锚杆轴向拉力设计值的50%、75%、100%、120%、133%、150%。

【引】根据法国标准①的规定,锚杆抗拔力测试所用的技术手段为:

①对于杆身:弹性极限、断裂应力、断裂延伸。

②对于螺纹杆:断裂应力和弹性极限与S截面的强度有关。该截面的直径等于螺纹牙侧面和螺钉心轴直径的平均值《三角螺纹公制螺纹加工:螺纹加工允许误差的国际标准化组织(ISO)体系》[参见法国标准《螺纹加工工艺规范》(NF03.014)关于三角螺纹公制螺纹加工——螺杆行业的螺纹加工汇总表]。

---

①法国,《通用技术条款手册(C.C.T.G)　第69分册:地下工程》。

③对于锚固装置外壳：锚固装置外壳的硬度采用布氏（Brinell）硬度。

【注】国内规范从试验设备、验收试验、测试方法等方面进行检测；法国标准从锚杆的机械性能对杆身进行弹性极限、断裂应力、断裂延伸 3 个方面进行测试。

4) 锚杆锚固长度和密实度测试

根据《公路隧道施工技术规范》（JTG/T 3660—2020）的规定，锚杆锚固长度和密实度测试的技术手段为：

①数量（根）：采用目测，现场逐根清点。

②抗拔力（kN）：采用拉拔仪，抽查 1%，且不少于 3 根。

③孔位（mm）：采用尺量，抽查 10%。

④孔深（mm）：采用尺量，抽查 10%。

⑤孔径（mm）：采用尺量，抽查 10%。

【注】国内规范使用目测法与尺量法进行检测，国外标准对锚杆锚固长度和密实度检测无具体的检测规定。

5) 喷射混凝土质量检测

根据《公路隧道施工技术规范》（JTG/T 3660—2020）的规定，喷射混凝土质量检测的技术手段为：

①喷射混凝土强度（MPa）：喷射混凝土抗压强度评定内容参照《岩土锚杆与喷射混凝土支护工程技术规范》（GB 50086—2015）及《公路隧道施工技术规范》（JTG/T 3660—2020）编写。

②喷层厚度（mm）：采用凿孔法，每 10 m 检查 1 个断面，每个断面从拱顶中线起每 3 m 测 1 点。

③喷层与围岩接触状况：沿隧道纵向分别在拱顶、两侧拱腰、两侧边墙连续测试 5 条测线，每 10m 检查 1 个断面，每个断面测 5 点。

【引】根据法国标准①的规定，喷射混凝土质量检测的技术手段为：

（1）灌浆施工的检测

不得超过的灌浆压力或流量极限值，应报监理单位批准。承包商应采取一切有效措施，特别是在灌浆设备输出口安装限压装置。此外，除非《特别技术条款手册》另有规定，每台灌浆设备应始终连接一台自动压力记录仪和一台压力显示计。对于每台灌浆设备，承包商均应提供一份报告，报告内容如下：

①每项工程的日期及施工期限。

②钻探处理的编号，必要时，需说明灌浆深度。

---

①法国，《通用技术条款手册（C.C.T.G）　第 69 分册：地下工程》。

③灌浆产品性质及数量。

④当同一性质的灌浆产品施工多道时,应说明每道灌浆开始和结束时的压力。

承包商应保存灌浆记录的压力测量图,随时提供监理单位使用,并在项目结束时提交监理单位。

(2)喷射混凝土

当使用喷射混凝土作为支撑方式时,承包商应该在支撑方案中说明喷射混凝土的平均厚度和最小厚度、喷射混凝土的层数以及每层的平均厚度。可能的话,还应说明埋设的焊接钢筋网的特性及其固定方式。

【注】国内规范对喷射混凝土质量检测采用凿孔法;法国标准对承包商做出要求:承包商应采取一切有效措施,特别是在灌浆设备输出口安装限压装置。

6)钢筋网施工质量检测

根据《公路隧道施工技术规范》(JTG/T 3660—2020)的规定,钢筋网施工质量检测的技术手段为:

①钢筋网喷射混凝土保护层厚度(mm):采用凿孔法,每10 m测5点。

②网格尺寸(mm):采用尺量,每100 m² 检查3个网眼。

③搭接长度(mm):采用尺量,每20 m测3点。

【引】根据荷兰标准①的规定,钢筋网施工质量检测的技术手段为:

①设备:测量仪、VW应变片。

②要求:高精度;在一个点上直接测量;坚固可靠;可以在暴露的条件下进行防水处理;可以直接将测量仪安装在钢筋或铸铁上,或安装在岩石螺栓上;只提供该部件的信息,不显示整体结构性能。测量仪长度小,导致测量高度局部化;如果没有适当的保护,可能容易受到腐蚀或损坏;可能需要进行温度校正;应变模式可能变化很大,难以转化为应力;结果可能受到混凝土在养护、开裂和灌浆过程中水化热的影响。

【注】国内规范采用凿孔法对钢筋网施工进行质量检测,国外标准采用测量仪、VW应变片等对衬砌部件进行检测。

7)钢架施工质量检测

根据《公路隧道施工技术规范》(JTG/T 3660—2020)的规定,钢架施工质量检测的技术手段为:

①榀数(榀):采用目测,逐榀检查。

②间距(mm):采用尺量,逐榀检查。

③喷射混凝土保护层厚度(mm):采用凿孔法,每20 m测5点。

---

①荷兰,《隧道衬砌设计指南》。

④倾斜度(°):采用铅锤法,逐榀检查。

⑤拼装偏差(mm):采用尺量,逐榀检查。

⑥安装偏差(mm):横向采用尺和水准仪,逐榀检查;纵向采用尺和水准仪,逐榀检查。

⑦连接钢筋:组数(根)采用目测,逐榀检查;间距(mm)采用尺量,逐榀检查3处。

【引】根据荷兰标准①的规定,钢架施工质量检测的技术手段为:

①设备:测量仪、VW 应变片。

②要求:高精度;在一个点上直接测量;坚固可靠;可以在暴露的条件下进行防水处理;可以直接将测量仪安装在钢筋或铸铁上,或安装在岩石螺栓上;只提供该部件的信息,不显示整体结构性能。测量仪长度小,导致测量高度局部化;如果没有适当的保护,可能容易受到腐蚀或损坏;可能需要进行温度校正;应变模式可能变化很大,难以转化为应力;结果可能受到混凝土在养护、开裂和灌浆过程中水化热的影响。

【注】国内规范采用目测法对榀数及组数逐榀检查,采用尺量法逐榀检查间距及连接钢筋,采用凿孔法检测喷射混凝土保护层厚度,采用铅锤法逐榀检查倾斜度,采用尺量法逐榀检查拼装偏差,采用尺和水准仪逐榀检查安装偏差;国外标准采用测量仪、VW 应变片等对衬砌部件进行检测。

8)喷锚衬砌断面尺寸检测

根据《公路隧道施工技术规范》(JTG/T 3660—2020)的规定,喷锚衬砌断面尺寸检测的技术手段为:

①喷射混凝土强度(MPa):喷射混凝土抗压强度评定内容参照《岩土锚杆与喷射混凝土支护工程技术规范》(GB 50086—2015)及《公路隧道施工技术规范》(JTG/T 3660—2020)编写。

②喷层厚度(mm):采用凿孔法,每10 m 检查1个断面,每个断面从拱顶中线起每3 m 测1点。

③喷层与围岩接触状况:沿隧道纵向分别在拱顶、两侧拱腰、两侧边墙连续测试5条测线,每10 m 检查1个断面,每个断面测5点。

【注】国内规范在检测喷射混凝土施工质量时,检测喷锚衬砌断面尺寸。国外标准对喷锚衬砌断面尺寸检测无具体的检测规定。

9)混凝土衬砌施工检查

根据《公路工程质量检验评定标准 第一册 土建工程》(JTG F80/1—2017)的规定,混凝土衬砌施工检查项目如表4.5所示。

①荷兰,《隧道衬砌设计指南》。

表4.5　混凝土衬砌施工检查项目

项次	检查项目	规定值或允许偏差	检查方法和频率
1△	混凝土强度/MPa	在合格范围内	按附录B检查

注:附录B指《公路工程质量检验评定标准　第一册　土建工程》(JTG F80/1—2017)中附录B。

【引】根据法国标准①的规定,未找到专门的混凝土衬砌施工检查的内容,有对衬砌材料和施工测量的描述。

(1)喷射混凝土的制备

①喷射混凝土本身应具有长期和短期的抗压强度。

②检测喷射混凝土对支承底层的黏附力。

③检测喷射混凝土的连续性(在支承底层和喷射混凝土之间以及喷射混凝土本身没有空隙)及与金属拱架接触的连续性。

对于混凝土本身的质量,在已喷射的混凝土上钻孔取样进行检测,或者在专门用于此项检测的试样箱中取样,或者在已喷射处理坑壁现场取样。

喷射混凝土的连续性及其黏附力,可以通过非破坏性的试验进行检测。然而,在某些情况下,这些非破坏性试验可能难以描述,尤其是在设置钢筋的情况下。动力试验补充了喷射混凝土可在现场实施的试验。喷射混凝土的黏结力也可以通过破坏性试验进行检测,也称为黏结力试验。

(2)喷射混凝土质量的适应性试验

①在8 h、1 d、7 d和28 d进行简单抗压强度试验。

②检测喷射混凝土的连续性(在地层与混凝土之间及喷射混凝土本身没有空隙)。

③检测喷射混凝土对地层的黏附力。

(3)对螺纹部分的检测

对于螺纹部分的检测,按照《螺杆行业产品:技术规格》[参见法国标准《螺杆行业产品规范》(NFE 127005)第3条和第15条]中规定的条件,按常规检测条件进行。

(4)变形测量的规定

在岩石密封段,用铟钢钢丝对开挖断面发生的变形进行测量;对岩石块体实施膨胀,采用多杆螺栓或使用钻孔应变仪来进行测量;采用内视仪对钻孔中的岩石裂缝进行观测。

【注】国内规范关于混凝土衬砌施工检查的技术手段主要针对混凝土强度、衬砌密实度等项目,包括标准养护试件的压缩、钻孔取芯的强度测试和靠尺检测侵限等。未找到国外标准关于混凝土衬砌施工的规定。在类似的规定中,国外标准对喷射混凝土的强度

---

①法国,《通用技术条款手册(C.C.T.G)　第69分册:地下工程》。

和黏结力、螺纹是否合格和断面变形进行了规定。

国内规范和国外标准在混凝土测试手段上存在相似之处,都有抗压强度、钻孔取芯。而国内外规范的规定也存在许多不同,国内规范针对衬砌进行密实度、厚度检测,法国标准则对隧道变形、围岩裂缝进行规定。此外,国外标准对施工材料的检测项目和技术手段更多、更细。

10) 模筑混凝土衬砌质量检测

根据《公路工程质量检验评定标准　第一册　土建工程》(JTG F80/1—2017)的规定,混凝土衬砌实测项目应符合表4.6的要求。

表4.6　混凝土衬砌实测项目

项次	检查项目	规定值或允许偏差	检查方法和频率
1△	混凝土强度/MPa	在合格标准内	按附录B检查
2	衬砌厚度/mm	90%的检查点的厚度不小于设计厚度,且最小厚度不小于设计厚度的1/2	尺量:每20 m检查一个断面,每断面测5点; 按附录C检查:沿隧道纵向分别在拱顶、两侧拱腰、两侧边墙连续测试5条测线,每20 m检查一个断面,每个断面测5点
3	墙面平整度/mm	施工缝、变形缝处≤20	2 m直尺:每20 m每侧连续检查5尺,每尺测最大间隙
		其他部位≤5	
4△	衬砌背部密实状况	无空洞,无杂物	按附录C检查:沿隧道纵向分别在拱顶、两侧拱腰、两侧边墙连续测试5条测线

注:附录B、附录C指《公路工程质量检验评定标准　第一册　土建工程》(JTG F80/1—2017)中附录B、附录C。

根据《公路工程质量检验评定标准　第一册　土建工程》(JTG F80/1—2017)的规定,地质雷达检测隧道支护(衬砌)质量方法(简称"地质雷达法")适用于探测隧道支护(衬砌)厚度、背后的回填密实度和内部钢架、钢筋等分布的情况。

【引】根据法国标准[①]的规定,衬砌纵断面不平整度的施工允许限差为:

①在构造物砌面上,沿母线不允许突然出现任何凸凹不平。

②如果拆模后表面出现可视的凸凹不平,位于构造物横断面上的模板接缝应进行仔细修补。修补后的砌面和中心线经过的平面之间的交切面与该中心线不得形成超过0.10rad的角度。

---

①法国,《通用技术条款手册(C.C.T.G)　第69分册:地下工程》。

根据法国标准①的规定,应进行混凝土光洁度测定。如果防水层位于路面层下方,该光洁度应该小于或等于 P1 样板定义要求的光洁度;如果是其他情形,该光洁度应该小于或等于 P2 样板定义要求的光洁度。

【注】国内规范关于模筑混凝土衬砌质量检测的手段主要有制取标准养护条件的试样、现场取芯、尺量、地质雷达探测等。法国标准主要规定了衬砌表面的平整度和光洁度。

国内规范规定了具体的检测工具和手段,国外标准仅有概述性要求。

11)模筑混凝土抗渗性能检测

根据《公路工程质量检验评定标准　第一册　土建工程》(JTG F80/1—2017)的规定,混凝土抗渗性能试验的技术手段有渗水高度法、逐级加压法。

(1)渗水高度法

①应先按本书第 3 章规定的方法进行试件制作和养护,抗水渗透试验应以 6 个试件为一组。

②试件拆模后,应用钢丝刷刷去两端面的水泥浆膜,并应立即送入标准养护室进行养护。

③抗水渗透试验的龄期宜为 28 d。应达到试验龄期的前一天,从养护室取出试件,并擦拭干净。将试件表面晾干后,用石蜡或水泥加黄油密封。

④试件准备好后,启动抗渗仪,并开通 6 个试位下的阀门,使水从 6 个孔中渗出,水应充满试位坑。在关闭 6 个试位下的阀门后,应将密封好的试件安装在抗渗仪上。

⑤试件安装好以后,应立即开通 6 个试位下的阀门,使水压在 24 h 内恒定控制在(1.2±0.05)MPa,且加压过程不应大于 5 min,应以达到稳定压力的时间作为试验记录起始时间(精确到 1 min)。在稳压过程中,随时观察试件断面的渗水情况。当有某一个试件断面出现渗水时,应停止该试件的试验并应记录时间,并以试件的高度作为该试件的渗水高度。对于试件断面未出现渗水的情况,应在试验 24 h 后停止试验,并及时取出试件。在试验过程中,当发现水从试件周边渗出时,应重新按规定密封。

⑥将从抗渗仪上取出来的试件放在压力机上,并应在试件上下两端面中心处沿直径方向各放一根直径为 6 mm 的钢垫条,并应确保它们在同一竖直平面内。然后开动压力机,将试件沿纵断面劈裂为两半。试件劈开后,应用防水笔描出水痕。

⑦应将梯形板放在试件劈裂面上,并用钢尺沿水痕等间距量测 10 个测点的渗水高度值,读数应精确到 1 mm。读数时,若遇到某测点被骨料阻挡,可以靠近骨料两端的渗水高度算术平均值来作为该测点的渗水高度。

(2)逐级加压法

①按照渗水高度法的步骤规定进行试件的密封和安装。

---

① 法国,《通用技术条款手册(C.C.T.G)　第 67 分册:地下构造物的防水密封性》。

②试验时,水压应从 0.1 MPa 开始,以后水压应每隔 8 h 增加 0.1 MPa,并应随时观察试件断面渗水情况。当 6 个试件中有 3 个试件表面出现渗水时,或加至规定压力(设计抗渗等级)在 8 h 内 6 个试件中表面渗水试件少于 3 个时,可停止试验,并记下此时的水压力。在试验过程中,当发现水从试件周边渗出时,应按上述规定重新进行密封。

【引】根据法国标准①的规定,对混凝土的耐久性测试进行了相关规定。耐久性测试包含水孔隙率测试、透气性测试和吸水性测试,但提到的具体参考标准未找到。耐久性试验的参考方法如下:

①水孔隙率测试:按标准《混凝土:硬化混凝土试验》(NF P18-459)进行。

②透气性测试:按标准《测试硬化混凝土透气性》(XP P18-463)进行。

③吸水性测试:参照标准《预制混凝土通用规范》(NF EN 13369)进行。结果四舍五入到最接近的 0.1%,对应于在水中放置 28 d 测试的 3 个未受保护的模制试样获得的平均值。

根据英国标准②的规定:

①GBR-P(聚合物土工合成屏障)检测参照《土木合成阻挡层试验》(EN 14150)进行。

②GBR-B(沥青土工合成屏障)检测参照《土木合成阻挡层试验》(EN 14150)进行。

③GBR-C(黏土土工合成屏障)检测参照《土木合成屏障液体渗透性测定》(EN 16416)进行。

注意:测试液体是水。记录 GBR-C、GBR-P 和 GBR-B 的渗透率。

【注】国内规范中,混凝土抗渗试验的方法分为渗水高度法、逐级加压法两种,并分别列出两种方法的详细操作过程。与国内规范不同,法国标准对混凝土抗渗性能分为水孔隙率、透气性、吸水性分别进行检测,每种性能的检测手段单独列于某部规范;欧洲(英国)规范中并未详细列出对混凝土抗渗性能的具体检测方法,仅列出与其具有相同作用的隧道防水层(抗渗)的土工合成屏障(分为聚合物 GBR-P、沥青 GBR-B、黏土 GBR-C)的检测技术手段规定。

12)防水层施工质量检测

根据《公路工程质量检验评定标准 第一册 土建工程》(JTG F80/1—2017)的规定,防水层施工质量检测的技术手段为:

①搭接长度:采用尺量。

②缝宽:采用尺量。

③固定点间距:采用尺量。

④焊缝密实性:参见《公路工程质量检验评定标准 第一册 土建工程》(JTG F80/

---

①法国,《通用技术条款手册(C.C.T.G) 第 65 分册:执行土木工程的具体方法》。
②英国,《土工合成挡墙 隧道和相关地下结构施工所需的特性》(BS EN 13491—2018)。

1—2017）附录 S。

【引】根据英国标准①的规定：见表 1（附）或表 3、表 4、表 5②（只针对必测项目列出）。

根据法国标准③的规定：

（1）浇注或撒布产品，现场可聚合或得到聚合的产品

①根据法国中央路桥实验室（LCPC）出版的《黏合试验》中的操作模式进行黏合试验。

②邵氏 A 硬度：在工地上现浇产品中提取 5 mm 厚样本。

（2）沥青聚合物防水层薄膜

根据法国中央路桥实验室（LCPC）出版的《黏合试验》中的操作模式进行黏合试验。

（3）防水层拱背用合成薄膜

①采用半透明（PVC）薄膜时，监理和总承包单位联合进行熔接，效果采用目视检查。对于非半透明薄膜材料，应进行无损质检。开挖隧道使用半透明材料时，强烈推荐双行熔接方法。此外，对于半透明材料，采用双行熔接以方便质检。

②在平均每 400 m² 的 PVC 薄膜上，监理单位应进行一次破坏性熔接质检，并对其他薄膜产品按平均每 200 m² 进行一次破坏性熔接质检试验。每次做试验时，在 20 cm 宽的薄膜提取 30 cm 熔接过的薄膜样本。在此样本上，至少进行剥离试验，得到的抗剥离强度结果平均值应大于 4 kN/m，且其最小值也应大于 2 kN/m。

（4）拱腹处防水涂层

在支撑面和各层之间采用叩诊听声法进行黏合性检验。

【注】国内规范采用尺量等方法对接缝处的各项尺寸进行检测。与国内规范相差很大，英国标准针对不同材质（聚合物 GBR-P、沥青 GBR-B、黏土 GBR-C）的防水层的检测项目及技术手段进行分别规定，各项性质（如耐久性等）的检测方法均列于其他规范，在实际使用时需查找其他专项规范。法国标准对防水层检测的技术手段也根据不同的材质进行分别规定，主要采用目视方法、黏合试验以及各类破坏性试验对其强度等进行检测。

13）排水系统施工质量检测

根据《公路工程质量检验评定标准　第一册　土建工程》（JTG F80/1—2017）的规定，排水系统施工质量检测的技术手段为：

①混凝土强度：在合格标准内。

②轴线偏位：采用全站仪测量。

---

①英国，《土工合成挡墙　隧道和相关地下结构施工所需的特性》（BS EN 13491—2018）。
②参见《土工合成挡墙　隧道和相关地下结构施工所需的特性》（BS EN 13491—2018）。
③法国，《通用技术条款手册（C.C.T.G）　第 67 分册：地下构造物的防水密封性》。

③断面尺寸或管径:采用尺量。

④壁厚:采用尺量。

⑤沟底高程:采用水准仪测量。

⑥纵坡:采用水准仪测量。

⑦基础厚度:采用尺量。

【引】根据法国标准①的规定,在工程施工期间,设置的最终排水构造物应由承包商进行管理并保持良好状态,直至工程验收。

【注】国内规范对排水系统施工质量的检查主要是尺寸检查,方法主要是采用尺量或水准仪等进行测量。国外标准中未列出对排水系统施工质量检查的具体规定,仅要求承包方在隧道施工过程中保证排水系统的质量安全。

14) 围岩稳定措施

【注】该项内容为围岩稳定措施,是为保证围岩在隧道施工过程中保持稳定性采取的措施,故不涉及检测的技术手段。

15) 涌水处理措施

【注】该项内容为涌水处理措施,是为保证围岩在隧道施工过程中保持稳定性采取的措施,故不涉及检测的技术手段。

16) 超前支护施工质量检查

根据《公路工程质量检验评定标准 第一册 土建工程》(JTG F80/1—2017)的规定,超前支护施工质量检查的技术手段为:

(1)超前锚杆施工质量检查

超前锚杆长度:采用尺量;锚杆数量:采用目测;锚杆环向间距:采用尺量;孔深:采用尺量;锚杆尾端支承:采用目测、敲击。

(2)超前小导管施工质量检查

小导管长度:采用尺量;小导管数量:采用目测;小导管环向间距:采用尺量;钻孔深度:采用尺量;小导管尾端支承:采用目测、敲击;小导管管内砂浆:采用目测、电测。

(3)超前管棚施工质量检查

管棚钢管长度:采用尺量;管棚钢管数量:采用目测;管棚钢管环向间距:采用尺量;钻孔深度:采用尺量;管棚钢管管内钢筋笼:采用目测、电测;管棚钢管管内砂浆:采用目测、电测;套拱中线位置:采用全站仪测量;套拱拱顶高程:采用水准仪测量;套拱厚度:采用尺量;套拱跨度:采用尺量。

---

①法国,《通用技术条款手册(C.C.T.G) 第69分册:地下工程》。

【引】国外标准对施工质量检查无具体的检测规定,但可类比国内规范的检查内容列出锚杆的施工质量检查技术手段。

根据法国标准①的规定:

(1)锚杆的几何特性

①锚杆每米质量:从锚杆(螺纹部分除外)断面提取出的每米质量与螺杆额定直径计算出的每米质量的允许误差,不能超过+5%。

②螺杆长度:交货时,每根螺杆的实际长度与订货时确定的长度的允许误差不能超过±50 mm。

③同一批相同额定直径螺杆的质量与由额定直径计算出的质量允许误差不能超过+4%。

④螺纹部分加工:螺纹加工允许误差应符合《三角螺纹公制螺纹加工:螺纹加工允许误差的国际标准化组织(ISO)体系》[参见法国标准《螺纹加工工艺规范》(NF03.054)]中规定的允许误差。对于螺纹部分的检测,按照《螺杆行业产品:技术规格》标准[参见法国标准《螺杆行业产品规范》(NFE127005)第3条和第15条]中规定的条件,按常规检测条件进行。

(2)螺杆的验收检查

螺杆的验收检查包括螺杆各个构件的物理特性、几何特性和力学性能。因此,同一批货中的每个构件,都应分别进行检查。

(3)螺杆检查试验

在施工期间,承包商应对已实施就位的螺杆进行检查试验。这些试验的条件与适应性试验条件相同,但是不能在荷载大于使用荷载的20%时进行。

【注】国内规范中,对超前锚杆、超前小导管、超前管棚施工质量检查的技术手段主要采用目测、尺量、全站仪等仪器对各部分尺寸、间距等进行测量。

国外标准对施工质量检查无具体的检测规定,但可类比国内规范的检查内容列出锚杆的施工质量检查技术手段。法国标准中,对锚杆施工质量检查的技术手段未明确列出,只标明其判定要求。

17)超前地质预报

根据《公路工程质量检验评定标准　第一册　土建工程》(JTG F80/1—2017)的规定,隧道超前地质预报应以地质分析为基础,运用地质调查与物探相结合、长短探测相结合、洞内与洞外相结合、物探与钻探相结合、超前导洞与主洞探测相结合、地质构造探测与水文探测相结合的综合预报方法,并相互验证。

断层超前预测预报应符合下列规定:

①法国,《通用技术条款手册(C.C.T.G)　第69分册:地下工程》。

①断层预报应探查断层的性质、产状、富水情况、隧道中的分布位置、断层破碎带的规模、物质组成等,并分析其对隧道的危害程度。

②应以地质调查法为基础,以弹性波反射法为主进行预测预报;富水断层应采用电法、超前地质钻探法和加深炮孔法等手段进行验证。

③接近规模较大断层前,应结合弹性波反射法、地质调查法、地表与地下相关性分析、断层趋势分析及地质作图等手段预测预报断层的位置和分布范围,确定实施超前地质钻探法和加深炮孔法的范围。开挖掌子面距离高风险断层100 m之前,应开始实施超前地质钻探。

④施工中,应注意观测是否存在下列可能的断层前兆:

a.节理组数急剧增加;

b.岩层牵引褶曲出现;

c.岩石强度明显降低;

d.压碎岩、碎裂岩、断层角砾岩、断层泥出现。

e.临近富水断层前,断层下盘泥岩、页岩等隔水岩层明显湿化、软化,或出现淋水或其他涌水现象。

岩溶超前预测预报应符合下列规定:

①岩溶预报应探查岩溶在隧道内的分布位置、规模、填充情况及岩溶水的发育情况,分析其对隧道的危害程度。

②应以地质调查法为基础,结合多种物探法进行综合超前地质预测预报。开挖掌子面距离高风险断层100 m之前,应开始实施超前地质钻探。

③岩溶发育区宜进行加深炮孔探测。

④施工中,应注意观测是否存在下列大型溶洞水体或暗河的可能前兆:

a.裂隙、溶隙间出现较多的铁染锈或夹黏土;

b.岩层明显湿化、软化,或出现淋水现象;

c.小溶洞出现的频率增加,且多有水流、河沙或水流痕迹;

d.钻孔中的涌水量剧增,且夹有泥沙或小砾石;

e.有哗哗的流水声;

f.钻孔中有凉风冒出。

煤层瓦斯超前预测预报应符合下列规定:

①应以地质调查法为基础,以超前地质钻探法为主,结合多种物探法进行综合超前地质预测预报。

②高瓦斯和煤(岩)与瓦斯突出隧道,应采用物探法初步预判煤层在隧道内的位置;结合弹性波反射法、地质调查法、地表与地下相关性分析、地层趋势分析及地质作图等手段预测预报煤层在隧道内的里程,确定实施超前地质钻探法的范围。开挖掌子面距离煤层100 m之前,应开始实施超前地质钻探。

③施工中,应注意观测是否存在下列煤(岩)与瓦斯突出的可能前兆:

a.开挖工作面地层压力增大、鼓壁、深部岩层或煤层的破裂声明显、掉渣、支护严重变形;

b.瓦斯浓度突然增大或忽高忽低,工作面温度降低、闷人、有异味等;

c.煤层结构变化明显,层理紊乱,由硬变软,厚度与倾角发生变化,煤由湿变干、光泽暗淡,煤层顶底板出现断裂、波状起伏等;

d.钻孔时,有顶钻、夹钻、顶水、喷孔等现象;

e.工作面发出瓦斯强涌出的嘶嘶声,同时带有粉尘;

f.工作面有移动感。

【引】根据法国标准①的规定,超前地质预报的前提条件和要求如下:

①在怀疑存在大量冒水的区域,承包商应征得监理单位同意后采取一切必要措施,以避免水的涌入,特别是在符合合同规定的条件下,通过实施一个或多个探测钻孔,以探测施工过程中土层的情况,以发现是否可能在压力下冒水的情况。

②地质、工程地质和水文地质文件:勘探提供了不可或缺的信息,但是是局部的。其原始数据(剖面或岩心取样)应在其使用前在综合报告里予以解读。这些数据可以通过探测井、探测坑道进行补充,还可以通过地震、地球物理的方法对地层连续采集的信息情况进行补充。对于河流或者其他水域下面的隧道来说,最好采用能够产生连续反射的仪器进行测量,如闪光仪器。

③当隧道在一个被视为危险的区域里(如有大量冒水风险、遇有严重塌方危险的断层等)开挖时,监理单位应确定要实施系统勘探的技术参数,尤其是拟实施的钻孔类型、钻孔的技术参数、施工的特殊条件。

a.拟实施的钻孔类型:

● 系统钻孔,以探测地下出水情况;

● 必要的钻孔,以进行渗透性试验;

● 取芯钻孔,以更好地探测地层断层情况。

b.钻孔的技术参数:直径、孔深、相对于隧道轴线的钻孔位置。

c.施工的特殊条件:

● 可能的话,钻孔端部要设置套管;

● 设置防护闸门或阀门;

● 钻孔偏差的测量;

● 施工后用灰浆充填钻孔;

● 岩心取样。

【注】国内规范中,介绍了超前地质预报的原则和针对断层、岩溶和煤层瓦斯的超前预报中应注意的事项。这反映了国内规范采用不同方法结合,根据不同的地层性质具体分析的思想。法国标准中的手段较单一,主要通过钻孔、设置探测井和探测坑道进行观

---

① 法国,《通用技术条款手册(C.C.T.G) 第69分册:地下工程》。

察,且没有对不良地层条件进行分类,主要介绍了冒水地层的预报,总体上概括性较强。

18)粉尘浓度测定

根据《公路工程质量检验评定标准　第一册　土建工程》(JTG F80/1—2017)的规定,总粉尘采样器按标准方法在呼吸带测得按呼吸性粉尘标准测定方法采集。

【注】国内规范介绍了粉尘浓度的测定仪器和具体方法。未找到国外标准中关于粉尘浓度测定的内容。

19)瓦斯检测

根据《公路工程质量检验评定标准　第一册　土建工程》(JTG F80/1—2017)的规定,含甲烷等爆炸性气体的天然气、石油气、沼气、瓦斯等有害气体检测应由专业检测单位实施。

【注】国内规范未明确具体的检测手段,只是交由专业检测单位。未找到国外标准关于瓦斯检测的内容。

20)一氧化碳检测

根据《工作场所空气有毒物质测定》(GBZT 300.37—2017)的规定,一氧化碳和二氧化碳采用不分光红外线气体分析仪法,一氧化碳的直接进样采用气相色谱法。

【引】国外标准未找到专门的一氧化碳检测内容,找到了易燃环境下的定义。根据美国标准①的规定,浸渍和涂层的检测技术手段为:

①自燃温度:引起自燃所需的最低温度,与任何其他热源无关。

②闪点:按照《物理危害标准》(1910.1200)附录 B 中的测试方法进行测试,指液体释放出足够浓度的蒸汽以点燃的最低温度。

③可燃下限(LFL):传播火焰的材料的最低浓度。LFL 通常表示空气(或其他氧化剂)中物质的体积百分比。

【注】国内规范介绍了一氧化碳和二氧化碳检测的具体方法。国外标准对易燃气体的检测较细致,有专门的检测手段,但内容较分散。

21)硫化氢检测

【引】根据美国标准②的规定,硫化氢检测方法如表4.7所示。

---

①美国,《OSHA 美国职业安全与健康标准》。
②美国,《NIOSH 分析方法手册》。

表 4.7 硫化氢检测方法

抽样		测量	
取样器	过滤器+固体吸附管	方法	离子色谱法,电导率硫酸根离子
装运	常规方法即可	分析物进样量	50 μL
		解吸洗脱液	40 mm 氢氧化钠,1.5 mL/min
样本稳定性	至少连续 30 天在 25 ℃环境下	对照组	每组 2 ~ 10 个
研究范围	1.4 ~ 22.0 mg/m³	范围	每个样本 17 ~ 200 μg
偏差	−0.23%	精度(Sr)	每个样品 0.031
整体精度(SrT)	0.059		
准确性	±11.8%		
适用性	工作范围为 0.6 ~ 14 ppm(0.9 ~ 20 mg/m³),取 20L 空气样品;适用于 15 min 样品取 1 L/min 和 10 min 样品取 1.5 L/min;载荷的上限取决于空气中硫化氢和其他物质的浓度,包括水蒸气;相对于干燥空气,较高的相对湿度(80%)增加取样器的容量为 4 倍;一些木炭有过高的硫含量和(或)较小的解吸效率。因此,在现场使用前,应对每个批次进行筛选		
误差	存在正干涉,所以 H₂S 的质量浓度大约是 SO 的 2 倍;甲基和乙基硫醇不存在干扰		
其他方法	S4 采用冲击式采集,P&CAM296 采用分子筛采样,但稳定性较差		

【注】未找到国内规范关于硫化氢检测的内容。国外标准介绍了硫化氢的测定方法、精度和其他方法。

22) 盾构隧道管片质量检测

【引】根据美国标准[①]的规定,对隧道混凝土结构进行检测的方法有目视检查和非破坏性技术。

(1)目视检查

通过肉眼观察混凝土结构表面的裂缝、鼓包、渗漏等,对结构的安全性进行初步评估。

(2)非破坏性技术

①除了目视检查外,应定期用锤子敲击结构件,以确定肉眼看不到的缺陷。锤子敲

---

① 美国,《HRTTIM 公路和轨道交通隧道检查手册》。

击表面,结构件会产生声音,可以判断是否存在隐藏的缺陷。高音的声音或打击产生的响声表明表面以下的材料良好。反之,沉闷的砰砰声或空洞的声音表明表面以下存在缺陷。混凝土中的这种缺陷可能意味着存在分层,或者混凝土松动,可能会剥落。一旦发现缺陷,应敲击缺陷附近的表面,直到确定受影响区域的范围。

②对于可以接触到的混凝土表面,可以使用一种非破坏性的超声波测试方法,如冲击回声。冲击回声是一种声学方法,可以确定裂缝(劣化)的位置和程度、空隙、钢筋的脱黏、混凝土的厚度。使用这种方法有助于减轻对重大改造的需求,因为可以在早期阶段检测到劣化并进行修复。

【注】国内规范对盾构隧道管片质量检测的方法并没有进行具体规定。美国标准对混凝土结构采用两种方法检查——目视检查和用锤子敲击,采用的方法比较原始。

23)盾构隧道施工质量检测

根据《公路隧道施工技术规范》(JTG/T 3660—2020)的规定,盾构隧道施工质量检测可以采用以下技术方法:

(1)隧道轴线和高程

隧道轴线平面位置:采用经纬仪测中段;隧道轴线高程:采用水准仪测高程。

(2)管片拼装

衬砌环直径椭圆度:采用尺量后计算;相邻管片的径向错台:采用尺量;相邻环片环面错台:采用尺量。

【注】国内规范对隧道施工质量检测的方法做了具体要求,国外标准对这方面的要求暂无。

4.2.4 隧道检测成果判定标准

1)激光断面仪检测开挖断面

根据《公路隧道施工技术规范》(JTG/T 3660—2020)的规定,对隧道开挖断面进行检测,采用超挖控制值作为成果判定。成果判定与标准如下:

(1)拱部

①破碎岩、土(Ⅴ级、Ⅵ级围岩):超挖控制值平均为100 mm,最大为150 mm。

②中硬岩、软岩(Ⅱ级、Ⅲ级、Ⅳ级围岩):超挖控制值平均为150 mm,最大为250 mm。

③硬岩(Ⅰ级围岩):超挖控制值平均为100 mm,最大为200 mm。

(2)边墙

每侧超挖控制值为+1 000 mm;全宽超挖控制值为+2 000 mm。仰拱、隧底超挖控制值平均为 100 mm,最大为 250 mm。

【注】国内规范对开挖断面的检测标准做了具体要求,国外标准对这方面的内容暂无。

2) 锚杆施工质量检查

根据《公路隧道施工技术规范》(JTG/T 3660—2020)的规定,锚杆施工质量检查的成果判定标准为:

①数量:不少于设计值。

②抗拔力:28 d 抗拔力平均值不小于设计值,最小抗拔力不小于设计值的 90%。

③孔位:±150 mm。

④孔深:±150 mm。

⑤孔径:大于锚杆杆体直径 15 mm。

【引】根据法国标准①的规定:

(1)锚杆的几何特性

①锚杆每米质量:从锚杆(螺纹部分除外)断面提取出的每米质量与螺杆额定直径计算出的每米质量的允许误差,不能超过+5%。

②螺杆长度:交货时,每根螺杆的实际长度与订货时确定的长度的允许误差不能超过±50 mm。

③同一批相同额定直径螺杆的质量与由额定直径计算出的质量允许误差不能超过+4%。

④螺纹部分加工:螺纹加工应符合《三角螺纹公制螺纹加工:螺纹加工允许误差的国际标准化组织(ISO)体系》[参见法国标准《螺纹加工工艺规范》(NF03.054)]中规定的允许误差。对于螺纹部分的检测,按照《螺杆行业产品:技术规格》[参见法国标准《螺杆行业产品规范》(NFE127005)第 3 条和第 15 条]中规定的条件,按常规检测条件进行。

(2)螺杆的验收检查

螺杆的验收检查包括螺杆各个构件的物理特性、几何特性和力学性能。因此,同一批货中的每个构件,都应当分别进行检查。

(3)螺杆检查试验

在施工期间,承包商应对已实施就位的螺杆进行检查试验。这些试验的条件与适应性试验条件相同,但是不能在荷载大于使用荷载 20% 时进行。

检查试验的抽查比例为:对每 1 000 根实施的螺杆,测试 5 次。检查试验的结果要尽快通知监理单位。

如果检查试验表明,螺杆的单位能力低于论证说明中的使用荷载,承包商必须负责

---

①法国,《通用技术条款手册(C.C.T.G) 第 69 分册:地下工程》。

修改螺杆设置图,以获得与设计要求相同的支承能力。

【注】国内规范中,需检测的项目为锚杆数量,抗拔力,28 d 抗拔力平均值、最小抗拔力,三孔位长度,孔深长度,孔径长度。法国标准需检测项目为锚杆每米质量、螺杆的长度、螺纹部分的加工允许误差,即《三角螺纹公制螺纹加工:螺纹加工允许误差的国际标准化组织(ISO)体系》中规定的允许误差。

3)锚杆抗拔力测试

根据《公路隧道施工技术规范》(JTG/T 3660—2020)的规定,当符合下列要求时,应判定验收合格:

①拉力型锚杆在最大试验荷载下所测得的弹性位移量,应超过该荷载下杆体自由段长度理论弹性伸长值的80%,且小于杆体自由段长度与1/2锚固段长度之和的理论弹性伸长值。

②在最后一级荷载作用下 1 ~ 10 min 锚杆蠕变量不大于 1.0 mm。如超过,则 6 ~ 60 min 内锚杆蠕变量不大于 2.0 mm。

【引】根据欧洲标准[1]的规定,采用预制锚杆和现浇混凝土时,应根据《欧洲规范2:混凝土结构设计》(1992-1:2004)确定抗纵向剪切能力。

【注】国内规范中,拉力型锚杆在最大试验荷载下所测得的弹性位移量包括伸长值、蠕变量。欧洲标准规定,采用预制锚杆和现浇混凝土时,应根据《欧洲规范2:混凝土结构设计》(1992-1:2004)确定抗纵向剪切能力。

4)锚杆锚固长度和密实度检测

根据《公路隧道施工技术规范》(JTG/T 3660—2020)的规定,锚杆锚固长度和密实度检测的成果判定标准为:

①数量:不少于设计值。
②抗拔力:28 d 抗拔力平均值不小于设计值,最小抗拔力不小于设计值的90%。
③孔位:±150 mm。
④孔深:±150 mm。
⑤孔径:不小于锚杆杆体直径+15 mm。

【注】国内规范中,锚杆数量与设计值比较,28 d 抗拔力平均值与设计值比较,最小抗拔力与设计值比较,对孔位、孔深、孔径长度存在要求,国外标准无该要求。

5)喷射混凝土质量检测

根据《公路隧道施工技术规范》(JTG/T 3660—2020)的规定,喷射混凝土质量检测的成果判定标准为:

---

①欧洲,《欧洲法规4:钢和混凝土组合结构的设计 第2部分:桥梁的一般规则》。

①喷射混凝土强度:在合格标准内。

②喷层厚度:平均厚度不小于设计厚度,60%的检查点的厚度不小于设计厚度,最小厚度不小于设计厚度的60%。

③喷层与围岩接触状况:无空洞,无杂物。

【引】根据法国标准①的规定:

①论证说明书中考虑的喷射混凝土的强度特征性能,应为8 h、1 d、7 d和28 d测量的简单抗压强度。

②确定喷射混凝土各组成成分的初始配比时,要考虑因喷射时的弹回和溅落(除非是向下灌注),最终配比将有别于初始配比。喷射时的弹回和溅落,尤其会改变大颗粒材料所占的比例;在喷射过程中,水泥的配比将增加10%～20%。同样,在现场混凝土的级配曲线上,向细粒料过渡(过筛料的数值)的比例也可能增加10%～20%。这些超量配合比越高,位于拱顶的层厚越薄。这些数量级的大小范围,主要涉及干法喷射混凝土(粒径为8 mm的粒料,向垂直壁面喷射,厚度要减少3 cm以上)。

③如确定现场混凝土体积和制备的混凝土体积之间比例一样,颗粒级配越连续,混凝土的喷射效率越高。

④对于特殊项目,可能对拌和用水另有要求。

【注】国内规范对喷射混凝土强度、喷层厚度、60%的检查点的厚度、最小厚度、喷层与围岩接触状况等方面进行检测。国外标准要求承包商应自行决定如何组成、混合、加工和后处理喷射混凝土,以达到所需的性能;喷射混凝土表面和模板表面应保持粗糙。此外,还应考虑初始配比、喷射效率及特殊项目(可能对拌和用水另有要求)等。

6)钢筋网施工质量检测

根据《公路隧道施工技术规范》(JTG/T 3660—2020)的规定,钢筋网施工质量检测的成果判定标准为:

①钢筋网喷射混凝土保护层厚度:≥20 mm。

②网格尺寸:±10 mm。

③搭接长度:≥50 mm。

【引】根据法国标准②的规定,钢筋网由焊接钢筋组成,钢筋网网眼的边长不能小于100 mm。钢丝的直径要足够细,但不能低于3 mm。

根据英国标准③的规定:对于焊接织物,采用拉伸试验、疲劳试验和化学分析方法进行评测。

测定 Re、Rm/Re 和 Agt 的拉伸试验、表面几何形状和相对肋或压痕面积 f_R(或 f_P)的

---

①法国,《通用技术条款手册(C.C.T.G) 第69分册:地下工程》。
②法国,《通用技术条款手册(C.C.T.G) 第69分册:地下工程》。
③英国,《用于加固混凝土的钢筋:可焊接的钢筋(概述)》(BS EN 10085—2005)。

测量、每米公称质量偏差的测定和化学分析方法应符合《混凝土加固和预应力用钢试验方法 第1部分 钢筋、线材和钢丝》(ENISO 15630-1)的要求。测量格梁中焊接或夹紧接头的剪力应采用《用于加固混凝土的钢筋:可焊接的钢筋(概述)》(BS EN 10085—2005)附录 B 中的方法。

(1)测试片

测定每米公称质量的偏差应在两端为方形切割的试件上进行。与钢筋、线棒和线材的标记有关的肋条(压痕轮廓)的变化可被考虑在内,以固定测试件的长度。

(2)测量的准确性

测试件的长度和质量的测量精度应至少为0.5%。

(3)测试程序

与每米标称质量的百分比偏差,应根据从质量和长度计算出的试件每米实际质量与相关产品标准给出的每米标称质量之间的差异来确定。

【注】国内规范规定,钢筋网喷射混凝土保护层厚度、网格尺寸、搭接长度需要检测。国外标准规定,钢筋网由焊接钢筋组成,钢筋网网眼的边长、钢丝的直径需要检测。

7)钢架施工质量检测

根据《公路隧道施工技术规范》(JTG/T 3660—2020)的规定,钢架施工质量检测的成果判定标准为:

①榀数(榀):不少于设计值。

②间距:±50 mm。

③喷射混凝土保护层厚度:外侧保护层不小于40 mm,内侧保护层不小于20 mm。

④倾斜度:±2°。

⑤拼装偏差:±3 mm。

⑥安装偏差:横向采用尺和水准仪测量,±50 mm;纵向采用尺和水准仪测量,不低于设计高程。

⑦连接钢筋:组数不少于设计值,间距为±50 mm。

【引】根据荷兰标准[①]的规定:

①设备:测量仪、VW 应变片。

②要求:高精度;在一个点上直接测量;坚固可靠;可以在暴露的条件下进行防水处理;可以直接将测量仪安装在钢筋或铸铁上,或安装在岩石螺栓上;只提供该部件的信息,不显示整体结构性能。测量仪长度小,导致测量高度局部化;如果没有适当的保护,可能容易受到腐蚀或损坏;可能需要进行温度校正;应变模式可能变化很大,难以转化为应力;结果可能受到混凝土在养护、开裂和灌浆过程中水化热的影响。

———————————

①荷兰,《隧道衬砌设计指南》。

【注】国内规范检测项目为榀数、间距、喷射混凝土保护层厚度、内侧保护层、倾斜度、拼装偏差、安装偏差(横向、纵向)、连接钢筋,对间距也有要求。国外标准要求:高精度;在一个点上直接测量;坚固可靠;可以在暴露的条件下进行防水处理;可以直接将测量仪安装在钢筋或铸铁上,或安装在岩石螺栓上;只提供该部件的信息,不显示整体结构性能。

8)喷锚衬砌断面尺寸检测

根据《公路隧道施工技术规范》(JTG/T 3660—2020)的规定,喷锚衬砌断面尺寸检测的成果判定标准为:

①喷射混凝土强度:在合格标准内。

②喷层厚度:平均厚度不小于设计厚度,60%的检查点的厚度不小于设计厚度,最小厚度不小于设计厚度的60%。

③喷层与围岩接触状况:无空洞,无杂物。

【引】根据法国标准[①]的规定:

①浇筑混凝土衬砌层,应在清理和清扫(岩石、喷射混凝土、拱架等)支承底面后进行。承包商应对开挖施工(隧道的避人洞、停车处及路面加宽等)的条件进行必要的评估,并呈报监理单位批准。

②预制衬砌管片和土层之间空隙的充填,应由监理单位综合考虑隧道的线形、所用机械的类型、所遇到土层的情况以及衬砌层的施工方法等因素后确定。一般情况下,衬砌层和土层之间的空隙的充填规定,应由合同做出;当合同中的规定不合适或不能满足使用时,可由监理单位对修改做出规定或由承包商向监理单位提出不同的解决方案,由监理单位作出决定。

③在前述第二种情况下,承包商应向监理单位提交必要的论证文件。

【注】国内规范对喷射混凝土强度、喷层厚度、平均厚度、60%的检查点的厚度、最小厚度、喷层与围岩接触状况有要求。法国标准要求,承包商应对开挖施工(隧道的避人洞、停车处及路面加宽等)的条件进行必要的评估,并呈报监理单位批准;由监理单位综合考虑隧道的线形、所用机械的类型、所遇到土层的情况以及衬砌层的施工方法等因素,且承包商应向监理单位提交必要的论证文件。

9)混凝土衬砌施工检查

根据《公路工程质量检验评定标准 第一册 土建工程》(JTG F80/1—2017)的规定,同批试件组数大于或等于10组时,应采用数理统计方法评定,并满足下列条件:

$$m_{f_{cu}} \geq f_{cu,k} + \lambda_1 S_n \qquad (4.1)$$

---

①法国,《通用技术条款手册(C.C.T.G) 第69分册:地下工程》。

$$f_{cu,min} \geq \lambda_2 f_{cu,k} \tag{4.2}$$

式中　　n——同批混凝土试件组数；

　　　　$m_{f_{cu}}$——同批 n 组试件强度的平均值(MPa)，精确到 0.1 MPa；

　　　　S_n——同批 n 组试件强度的标准差(MPa)，精确到 0.01 MPa；当 $S_n < 2.5$ MPa 时，

　　　　　　　取 $S_n = 2.5$ MPa；

　　　　$f_{cu,k}$——混凝土设计强度等级(MPa)；

　　　　$f_{cu,min}$——n 组试件中强度最低一组的值(MPa)，精确到 0.1 MPa；

　　　　λ_1、λ_2——合格判定系数，如表 4.8 所示。

表 4.8　λ_1、λ_2 的取值

n	10 ~ 14	15 ~ 19	≥20
λ_1	1.15	1.05	0.95
λ_2	0.9	0.85	

【引】根据法国标准①的规定：

(1)喷射混凝土的制备

①喷射混凝土本身应具有长期和短期的抗压强度。

②检测喷射混凝土对支承底层的黏附力。

③检测喷射的混凝土的连续性(在支承底层和喷射混凝土之间以及喷射混凝土本身没有空隙)及与金属拱架接触的连续性。

对于混凝土本身的质量，在已喷射的混凝土上钻孔取样进行检测，或者在专门用于此项检测的试样箱中取样，或者在已喷射处理坑壁现场取样。

喷射混凝土的连续性及其黏附力，可以通过非破坏性的试验进行检测。然而，在某些情况下，这些非破坏性试验可能难以描述，尤其是在设置钢筋的情况下。动力试验补充了喷射混凝土可在现场实施的试验。喷射混凝土的黏结力也可以通过破坏性试验进行检测，也称为黏结力试验。

(2)喷射混凝土质量的适应性试验

①在 8 h、1 d、7 d 和 28 d 进行简单抗压强度试验。

②检测喷射混凝土的连续性(在地层与混凝土之间及喷射混凝土本身没有空隙)。

③检测喷射混凝土对地层的黏附力。

(3)对螺纹部分的检测

对于螺纹部分的检测，按照《螺杆行业产品:技术规格》[参见法国标准《螺杆行业产品规范》(NFE 127005)第 3 条和第 15 条]中规定的条件，按常规检测条件进行。

———————————

①法国，《通用技术条款手册(C.C.T.G) 第 69 分册:地下工程》。

【注】国内规范规定了混凝土强度计算方法,提供了参数确定表格,要求较为明确具体。法国标准通过引用其他规范的方式,对混凝土衬砌的材料进行检查。总体而言,国外标准相较于国内规范更为概括,较少有明确的界定规则。

10) 模筑混凝土衬砌质量检测

根据《公路隧道施工技术规范》(JTG/T 3660—2020)的规定,模筑混凝土衬砌质量检测的成果判定标准为:

①蜂窝麻面面积不得超过总面积的 0.5% ,深度不得超过 10 mm。

②隧道衬砌钢筋混凝土结构裂缝宽度不得超过 0.2 mm,混凝土结构裂缝宽度不得超过 0.4 mm。

对采用地质雷达检测得到的数据进行分析时,应符合下列规定:

①雷达数据分析时,应根据现场记录,分析可能存在干扰的预埋管件等刚性构件的位置,准确区分支护(衬砌)内部缺陷异常与预埋管件异常。

②雷达数据分析完后,对有异常的部位应现场钻孔验证。

支护(衬砌)背部回填密实度的主要判释特征应符合下列规定:

①密实:反射信号弱,图像均一且反射界面不明显。

②不密实:反射信号强,图像变化杂乱。

③空洞:反射信号强,图像呈弧形且反射界面明显。

支护(衬砌)内部钢架、钢筋、预埋管件的分布主要判释特征应符合下列规定:

①钢架、预埋管件:反射信号强,图像呈分散的月牙状。

②钢筋:反射信号强,图像呈连续的小双曲线形。

根据《公路工程质量检验评定标准 第一册 土建工程》(JTG F80/1—2017)的规定,采用地质雷达法检测衬砌背部密实度、厚度时,沿隧道纵向分别在拱顶、两侧拱腰、两侧边墙连续测试 5 条测线,检测结果需钻孔验证。厚度质量评定时,每 20 m 检查 1 个断面,每个断面测 5 点,作为厚度评定值。

通过对单洞两车道隧道二次衬砌厚度的调研分析,规范规定衬砌厚度合格标准为:90% 的检查点的厚度不小于设计厚度,且最小厚度不小于设计厚度的 50% 。对单洞三车道、单洞四车道隧道二次衬砌厚度的检验,最小厚度的规定值通过结构计算分析确定。

【引】根据法国标准①的规定,衬砌局部变形的规定如下:所有的脚手架和拱架,无论在哪个点上,其变形都不得超过 2 cm。所有构造物可视部分的模板,均属精加工类型,其刚度应能保证所施工的混凝土产生的局部变形不得超过 5 mm。

【注】国内规范对模筑混凝土衬砌质量有较为详细的规定,针对雷达反射结果,列举了不同质量的衬砌所对应的测量结果。法国标准中,也采用具体的数值来规定模筑混凝土衬砌的质量,但主要关注衬砌总体的变形而非局部的空洞和蜂窝麻面,同时针对施工

---

①法国,《通用技术条款手册(C.C.T.G) 第69分册:地下工程》。

用的模板也进行了具体的规定。

总体而言,国内外规范针对模筑混凝土衬砌质量检测的规定较相似,但国内规范的规定更明确具体。

11) 混凝土抗渗性能试验

根据《公路隧道施工技术规范》(JTG/T 3660—2020)的规定,混凝土抗渗性能试验的成果判定标准为:

(1)渗水高度法

①试件渗水高度应按下式计算:

$$\overline{h_i} = \frac{1}{10}\sum_{j=1}^{10} h_j \tag{4.3}$$

式中 h_j——第 i 个试件第 j 个测点处的渗水高度(mm);

$\overline{h_i}$——第 i 个试件的平均渗水高度,应以 10 个测点渗水高度的平均值作为该试件渗水高度的测定值。

②一组试件的平均渗水高度应按下式计算:

$$\overline{h} = \frac{1}{6}\sum_{i=1}^{6} \overline{h_i} \tag{4.4}$$

式中 $\overline{h}$——一组 6 个试件的平均渗水高度(mm),应以一组 6 个试件渗水高度的算术平均值作为该组试件的渗水高度的测定值。

(2)逐级加压法

混凝土的抗渗等级应以每组 6 个试件中有 4 个试件未出现渗水时的最大水压力乘以 10 来确定。混凝土的抗渗等级应按下式计算:

$$P = 10H - 1 \tag{4.5}$$

式中 P——混凝土抗渗等级;

H——6 个试件中有 3 个试件渗水时的水压力(MPa)。

【注】国内规范中,采用两种方法测定混凝土抗渗性能,其计算公式均明确列出。国外标准中,未对混凝土抗渗性能检测的成果判定方法进行规定。

12) 防水层施工质量检测

根据《公路隧道施工技术规范》(JTG/T 3660—2020)的规定,防水层施工质量检测的成果判定标准为:

①搭接长度:≥100 mm。

②焊缝宽:≥10 mm。

③固定点间距:满足设计要求。

④焊缝密实性:满足设计要求。

【引】根据英国标准①的规定,耐用性见本手册附录 A,其他未定义。

根据法国标准②的规定:

①对于现场浇筑的防水层材料,其黏合性允许的最低值为 1.5 MPa。

②沥青聚合物防水层薄膜:工地上得到的黏合性对应的是在 20 ℃±2 ℃为 0.4 MPa。

③防水层拱背用合成薄膜:

a.焊缝应是连续的(没有气泡或夹气条沟),且没有焊渣残余物。

b.得到的抗剥离强度结果平均应大于 4 kN/m,且对最可靠的结果,应大于 2 kN/m。对于在开挖隧道中的人工熔接,其平均值可以放宽至 3.5 kN/m。

④拱腹处防水涂层:无规定。

【注】国内规范中,对防水层施工质量的各类检测项目的成果判定标准均进行了明确的规定,且以定量要求为主。与国内规范相比,国外标准大多对尺寸的要求并未明确列出,而是对强度、耐久性更为关注。英国标准中仅对耐久性的相关检测规定了其成果判定的方法及标准,其他并未规定;法国标准中对尺寸检查的标准未规定,对各类强度试验的结果判定有明确要求。

13)排水系统施工质量检测

根据《公路隧道施工技术规范》(JTG/T 3660—2020)的规定,排水系统施工质量检测的成果判定标准为:

①混凝土强度:按照《混凝土强度检验评定标准》(GB/T 50107—2010),尽可能采用数理统计评定方法。采用数理统计评定方法时,标准差 S_n 是一个重要的参数。如果试件混凝土强度差异较大,则 S_n 大,相应强度代表值就越小,应尽可能使混凝土强度较为均匀,减小 S_n 值[按《混凝土强度检验评定标准》(GB/T 50107—2010)附录 E]。

②轴线偏位:允许偏差为 15 mm。

③断面尺寸或管径:允许偏差为±10 mm。

④壁厚:不小于设计值。

⑤沟底高程:允许偏差为±20 mm。

⑥纵坡:满足设计要求。

⑦基础厚度:不小于设计值。

【引】根据法国标准③的规定,该部分主要是对施工过程中地下水排水系统的设计的标准,没有明确指出对排水系统施工质量的检查。

①墙底的水收集必须满足以下条件:

a.最小流动截面至少为 450 cm²;

---

① 英国,《土工合成挡墙:隧道和相关地下结构施工所需的特性》(BS EN 13491—2018)。

② 法国,《通用技术条款手册(C.C.T.G) 第 67 分册:地下构造物的防水密封性》。

③ 法国,《土木工程隧道试点档案-7:卫生、排水和杂项网络》。

b. 上部的最小吸收截面每延米至少 400 cm^2；

c. 在混凝土浇筑过程中,涂层的抗压碎性大于 0.1 MPa/m^2。

②道路下的水收集:喷嘴的尺寸必须适应进水情况,直径不得小于 200 mm,以便于维护。

【注】国内规范中,对排水系统的施工质量检查的成果判定标准是定性的。国外标准中,未对排水系统施工质量检查进行规定,但其对排水系统设计标准有定量的要求,隧道集水、排水的设计尺寸等有明确的数值要求。

14) 围岩稳定措施

【注】该项内容为围岩稳定措施,是为保证围岩在隧道施工过程中保持稳定性采取的措施,故不涉及检测的成果判定方法。

15) 涌水处理措施

【注】该项内容为涌水处理措施,是为保证围岩在隧道施工过程中保持稳定性采取的措施,故不涉及检测的成果判定方法。

16) 超前支护施工质量检查

根据《公路隧道施工技术规范》(JTG/T 3660—2020)的规定,超前支护施工质量检查的成果判定标准为:

①超前锚杆施工质量检查。超前锚杆长度:不小于设计值;锚杆数量:不小于设计值;锚杆环向间距:±50 mm;孔深:±50 mm;锚杆尾端支承:支承在钢架上并与钢架焊接。

②超前小导管施工质量检查。小导管长度:不小于设计值;小导管数量:不小于设计值;小导管环向间距:±50 mm;钻孔深度:大于钢管长度设计值;小导管尾端支承:支承在钢架上并与钢架焊接;小导管管内砂浆:密实饱满。

③超前管棚施工质量检查。管棚钢管长度:不小于设计值;管棚钢管数量:不小于设计值;管棚钢管环向间距:±50 mm;钻孔深度:大于钢管长度设计值;管棚钢管管内钢筋笼:符合设计;管棚钢管管内砂浆:密实饱满;套拱中线位置:±50 mm;套拱拱顶高程:±50 mm;套拱厚度:±50 mm;套拱跨度:±100 mm。

【引】国外标准未进行明确的施工质量检查的规定,参照国内规范内容,可列出锚杆施工质量检查的成果判定方法。根据法国标准①的规定:

(1) 锚杆的几何特性

①在锚杆每米质量:从锚杆(螺纹部分除外)断面提取出的每米质量与螺杆额定直径计算出的每米质量的允许误差,不能超过+5%。

_____

①法国,《通用技术条款手册(C.C.T.G) 第69分册:地下工程》。

②螺杆长度:交货时,每根螺杆的实际长度与订货时确定的长度的允许误差不能超过±50 mm。

③同一批相同额定直径螺杆的质量与由额定直径计算出的质量允许误差不能超过+4%。

④螺纹部分加工:螺纹加工允许误差应符合《三角螺纹公制螺纹加工:螺纹加工允许误差的国际标准化组织(ISO)体系》[参见法国标准《螺纹加工工艺规范》(NF 03.054)]中规定的允许误差。对于螺纹部分的检测,按照《螺杆行业产品:技术规格》[参见法国标准《螺杆行业产品规范》(NFE127005)第3条和第15条]中规定的条件,按常规检测条件进行。

(2)螺杆的验收检查

螺杆的验收检查包括螺杆各个构件的物理特性、几何特性和力学性能。因此,同一批货中的每个构件,都应当分别进行检查。

【注】国内规范对各项施工质量检查的判定标准以定性判别为主,规定了具体的数值要求或设计要求。国外标准未进行明确的施工质量检查规定,参照国内规范内容,列出锚杆施工质量检查的成果判定方法。法国标准对锚杆施工质量的测定标准也是以定量表示为主,但相比国内规范,其检测的内容偏少。

17)超前地质预报

根据《公路隧道施工技术规范》(JTG/T 3660—2020)的规定,断层是隧道开挖过程中常见的、对隧道围岩稳定性影响较大的构造形式之一,是地下水的富集场所和流动通道,灰岩地区岩溶常与其相伴而生,隧道内塌方、突泥突水多与其有关。

根据断层的规模、富水程度及对工程的危害程度决定是否进行超前钻探及钻孔数量、位置、深度等。超前钻探有时只钻一孔即可确定断层的宽度和富水情况等。

根据接近断层时节理组数急剧增加的理论,采用地质素描法确定断层即将揭露的里程;利用开挖工作面素描,根据地质作图法判断断层在隧道内的延伸长度,即在哪个里程断层将穿过。

由于岩溶发育的复杂性、隐蔽性、不确定性,岩溶发育的宏观规律理论上可以确定,但具体到哪个位置是否发育岩溶、岩溶的规模、填充情况等,目前根据理论还很难确定。根据目前科技发展水平,靠单独一种预报手段很难满足快速、安全施工的需要,故需进行综合超前地质预报。综合超前地质预报方法包含超前钻探。目前,岩溶探测仍是超前地质预报的技术难题,需慎重对待。

【注】国内规范对超前地质预报目前的判别方法进行了归纳总结,描述得较为客观具体。未找到国外标准中针对超前地质预报的内容。

18)粉尘浓度测定

根据《公路隧道施工技术规范》(JTG/T 3660—2020)的规定,工作场所空气中粉尘容许浓度应符合表4.9的要求。

表4.9　工作场所空气中粉尘容许浓度

名称		PC-TWA/(mg·m^{-3})		临界不良健康影响
		总粉尘	呼吸性粉尘	
白云石粉尘		8	4	尘肺病
沉淀SiO$_2$(白炭黑)		5	—	上呼吸道及皮肤刺激
大理石粉尘(碳酸钙)		8	4	眼、皮肤刺激,尘肺病
电焊烟尘		4	—	电焊工尘肺
沸石粉尘		5	—	尘肺病、肺癌
硅灰石粉尘		5	—	—
硅藻土粉尘(游离SiO$_2$含量<10%)		6	—	尘肺病
滑石粉尘(游离SiO$_2$含量<10%)		3	1	滑石尘肺
煤尘(游离SiO$_2$含量<10%)		4	2.5	煤工尘肺
膨润土粉尘		6	—	鼻、喉、肺、眼刺激,支气管哮喘
石膏粉尘		8	4	上呼吸道、眼和皮肤刺激,肺炎等
石灰石粉尘		8	4	眼、皮肤刺激,尘肺
石墨粉尘		4	2	石墨尘肺
水泥粉尘(游离SiO$_2$含量<10%)		4	1.5	水泥尘肺
炭黑粉尘		4	—	炭黑尘肺
矽尘	10%≤游离SiO$_2$含量≤50%	1	0.7	矽肺
	50%<游离SiO$_2$含量≤80%	0.7	0.3	
	游离SiO$_2$含量>80%	0.5	0.2	
稀土粉尘(游离SiO$_2$含量<10%)		2.5	—	稀土尘肺、皮肤刺激
萤石混合性粉尘		1	0.7	矽肺
云母粉尘		2	1.5	云母尘肺
珍珠岩粉尘		8	4	眼、皮肤、上呼吸道刺激
蛭石粉尘		3	—	眼、上呼吸道刺激
重晶石粉尘		5	—	眼刺激、尘肺
其他粉尘		8	—	—

注:①表中的其他粉尘指游离SiO$_2$含量低于10%,不含石棉和有毒物质,而尚未确定容许浓度的粉尘。

②表中列出的各种粉尘中,凡游离含量SiO$_2$高于10%者,均按矽尘容许浓度对待。

③PC-TWA:时间加权平均容许浓度,以时间为权数规定的 8 h 工作日、40 h 工作周的平均容许接触浓度。

④总粉尘:可进入整个呼吸道(鼻、咽和喉、胸腔支气管、细支气管和肺泡)的粉尘,简称"总尘",技术上是指用总粉尘采样器按标准方法在呼吸带测得的所有粉尘。

⑤呼吸性粉尘:按呼吸性粉尘标准测定方法所采集的可进入肺泡的粉尘粒子,其空气动力学直径均在 7.07 μm 以下,空气动力学直径 5 μm 粉尘粒子的采样效率为 50%,简称"呼尘"。

【引】根据美国标准[①]的规定,没有找到与粉尘浓度测定专门相关的规范,找到了作业过程中的防护要求:除非提供排气通风,否则从事喷涂作业的员工必须配备并穿戴呼吸防护装置,并将员工暴露于饰面或其溶剂中的任何材料的浓度降低至《俄勒冈州空气污染物规则》(OAR 437-002-0382)中规定的限值以下。遵循《呼吸防护》(OAR 437-002-1910)的所有要求。

【注】国内规范对各种工作场合中有害粉尘进行了详细的分类和容许浓度规定。国外标准也对粉尘容许浓度进行了规定,但内容相对较分散。

19) 瓦斯检测

根据《公路隧道施工技术规范》(JTG/T 3660—2020)的规定,应定期编制监测报告提交相关部门。监测报告主要应包括施工情况、监测方法、监测数据、有害气体分析、工作环境危险性评价、对人身健康危害情况、应对措施及施工建议等内容。有害气体超标时,应及时报告。

【引】根据英国标准[②]的规定,没有找到与瓦斯检测专门相关的规范,但有隧道掘进机在掘进过程中的瓦斯规定:

①在没有国家法规或标准的情况下,应采用空气中甲烷浓度按体积计为 0.5% 的预设报警值。

②当达到预定的停机值时,所有不适合在爆炸性环境中使用的电器和机械设备应立即自动停机。在没有国家规定和标准的情况下,应采用空气中甲烷浓度为 0.8% 的预设关闭值。

③在没有国家法规和标准的情况下,应使用预设的 19% 的氧气阈值。

【注】国内规范针对瓦斯检测的检验标准叙述较少,且不明确。英国标准规定了隧道掘进机掘进中瓦斯含量要求,规定较为具体,详细列出了瓦斯和氧气阈值。

20) 一氧化碳检测

根据《公路隧道施工技术规范》(JTG/T 3660—2020)的规定,工作场所空气中有毒物质容许浓度应符合表 4.10 的要求。

---

①美国,《OSHA 美国职业安全与健康标准》。

②英国,《隧道掘进机　掘进机和连续掘进机　安全要求》(BS EN 12111—2014)。

表4.10   工作场所空气中有毒物质容许浓度   单位:mg/m³

名称			MAC	PC-TWA	PC-STEL
一氧化碳	非高原		—	20	30
	高原	海拔2 000~3 000 m	20	—	—
		海拔>3 000 m	15	—	—
二氧化碳			—	9 000	18 000

注:①MAC:最高容许浓度,指在一个工作日内任何时间都不应超过的浓度。

②PC-STEL:短时间接触容许浓度,在遵守PC-TWA前提下容许短时间(15 min)接触的浓度。

【引】根据美国标准①的规定,确保任何蒸汽区域中材料的空气中浓度不超过其规定值危险的25%。

根据美国标准②的规定,按浓度计算的一氧化碳接触症状如表4.11所示。

表4.11   按浓度计算的一氧化碳接触症状

CO 浓度/(10^{-6})	症状
50	暴露8 h无不良反应
200	暴露2~3 h后出现轻度头痛
400	暴露1~2 h后头痛和恶心
800	暴露45 min后出现头痛、恶心和头晕;暴露2 h后出现虚脱和昏迷
1 000	暴露1 h后失去知觉
1 600	暴露20 min后头痛、恶心和头晕
3 200	暴露5~10 min后出现头痛、恶心和头晕;暴露30 min后出现虚脱和昏迷
6 400	暴露1~2 min后头痛和头晕;暴露10~15 min后无意识和死亡危险
12 800(1.28%,按体积计)	直接生理影响;暴露1~3 min后失去知觉和死亡危险

注:表中的数值为健康成年人的近似值。儿童、老年人和先前存在身体状况的人可能更容易受到一氧化碳暴露的影响。昏迷后持续暴露可导致死亡。

【注】国内规范规定了一氧化碳在不同工作场所中的最高容许浓度和短时间接触容许浓度值。国外标准中主要介绍了不同浓度一氧化碳对人体的影响,未对工作场所的一氧化碳限值进行规定。

总体而言,国内规范规定得非常具体,国外标准则具有参考性,并非强制规定。

---

①美国,《OSHA 美国职业安全与健康标准》。

②美国,《住宅单元一氧化碳(CO)报警设备安装标准(2005版)》(NFPA 720)。

21）硫化氢检测

根据《公路隧道施工技术规范》（JTG/T 3660—2020）的规定，工作场所空气中有毒物质容许浓度应符合表4.12的要求。

表4.12　工作场所空气中有毒物质容许浓度　　　　　　　　　单位：mg/m³

名称			MAC	PC-TWA	PC-STEL
一氧化碳	非高原		—	20	30
	高原	海拔2 000～3 000 m	20	—	—
		海拔>3 000 m	15	—	—
二氧化碳			—	9 000	18 000
氮氧化物（一氧化氮和二氧化氮）			—	5	10
氨			—	20	30
二氧化硫			—	5	10
硫化氢			10	—	—
丙烯醛			0.3		

注：①MAC：最高容许浓度，指在一个工作日内任何时间都不应超过的浓度。

②PC-STEL：短时间接触容许浓度，在遵守PC-TWA前提下容许短时间（15 min）接触的浓度。

【注】国内规范对硫化氢的短时间接触容许浓度进行了规定。国外标准中未找到针对硫化氢检测的判别标准。

22）盾构隧道管片质量检测

根据《公路隧道施工技术规范》（JTG/T 3660—2020）的规定，对盾构隧道管片质量进行检测，采用允许偏压作为成果判定。成果判定与标准如下：

（1）混凝土管片外观检验项目

①主控项目：不允许有贯穿裂缝、内外弧面露筋、孔洞、疏松、夹渣、蜂窝，非贯穿性裂缝的宽度允许范围为0～0.10 mm。

②一般项目：拼接面裂缝宽度允许范围为0～0.20 mm，麻面、黏皮总面积不大于表面积的5%，缺棱掉角、飞边应修补，环、纵向螺栓孔通长、内圆面平整，不应有塌孔。

（2）混凝土管片尺寸的检验项目

①主控项目：宽度的允许偏差为±1 mm，厚度的允许偏差不得超过标准值3 mm，不得小于标准值1 mm；

②一般项目：钢筋保护层厚度的允许偏差为±5 mm。

（3）盾构隧道管片水平拼装尺寸的检验项目

①成环后内径的允许偏差为±2 mm。

②成环后外径的允许偏差为+6 mm、−2 mm。

③环向缝间隙的允许偏差为0～2 mm。

④纵向缝间隙的允许偏差为0～2 mm。

【引】根据美国标准①的规定,隧道混凝土结构进行检测的判定标准为:

(1)起鳞剥落:表面砂浆和骨料逐渐和持续的损失

①小规模:表面砂浆损失达6 mm(1/4 in)深,粗骨料的表面暴露。

②中等规模:表面砂浆损失从6 mm(1/4 in)到25 mm(1 in)深,粗骨料之间有一些额外的砂浆损失。

③大规模:粗骨料颗粒以及表面砂浆和骨料周围的砂浆的损失。损失的深度超过25 mm(1 in)。

(2)裂缝

①轻度:最多0.80 mm(0.03 in)。

②中度:在0.80 mm(0.03 in)和3.20 mm(0.125 in)之间。

③重度:超过3.20 mm(0.125 in)。

(3)起壳剥落

①轻度:深度小于12 mm(1/2 in)或直径为75 mm(3 in)～150 mm(6 in)。

②中度:12 mm(1/2 in)至25 mm(1 in)深,或直径约150 mm(6 in)。

③重度:深度超过25 mm(1 in),直径超过150 mm(6 in),且有钢筋暴露的任何剥落。

(4)空心区域

用锤子敲击会产生空洞的声音。

(5)蜂窝

在混凝土表面的区域,最初的施工中没有完全填满混凝土,骨料的形状清晰可见,使缺陷呈现出蜂窝状。

(6)渗漏

①轻微:混凝土表面是湿的,尽管没有滴水。

②中度:活跃的流速低于30滴/min。

③严重:活跃的流量超过30滴/min。

【注】国内外规范对隧道管片质量检测的判定标准都做了具体规定。不同的是,国内规范所要求的标准较美国标准更严,投入使用的管片质量更高。

23)盾构隧道施工质量检测

根据《公路隧道施工技术规范》(JTG/T 3660—2020)的规定,对盾构隧道施工质量进

---

①美国,《HRTTIM 公路和轨道交通隧道检查手册》。

行检测,采用允许偏差作为成果判定。成果判定与标准如下:

(1)隧道轴线和高程

①隧道轴线平面位置:地铁隧道的允许偏差为±50 mm,公路隧道的允许偏差为±75 mm,水工隧道的允许偏差为±100 mm。

②隧道轴线高程:地铁隧道的允许偏差为±50 mm,公路隧道的允许偏差为±75 mm,水工隧道的允许偏差为±100 mm。

(2)管片拼装

①衬砌环直径椭圆度:地铁隧道的允许偏差为±5‰D mm,公路隧道的允许偏差为±6‰D mm,水工隧道的允许偏差为±8‰D mm(D为衬砌环直径)。

②相邻管片的径向错台:地铁隧道的允许偏差为±5 mm,公路隧道的允许偏差为±6 mm,水工隧道的允许偏差为±8 mm。

③相邻环片环面错台:地铁隧道的允许偏差为±6 mm,公路隧道的允许偏差为±7 mm,水工隧道的允许偏差为±9 mm。

【注】国内规范对隧道施工的质量检测判定标准做了具体要求,国外标准对这方面的要求暂无。

4.2.5　隧道检测频率

1)激光断面仪检测开挖断面

根据《公路隧道施工技术规范》(JTG/T 3660—2020)的规定,对隧道进行检测的频率应为:

①拱部:每20 m检查1个断面。

②边墙:每20 m检查3处。

③仰拱、隧底:每20 m检查3处。

【注】国内规范对隧道开挖断面的检测频率做了具体要求,国外标准对这方面的内容暂无。

2)锚杆施工质量检查

根据《公路隧道施工技术规范》(JTG/T 3660—2020)的规定,锚杆施工质量检测频率要求如下:

①数量:采用目测,现场逐根清点。

②抗拔力:采用拉拔仪,抽查1%,且不少于3根。

③孔位:采用尺量,抽查10%。

④孔深:采用尺量,抽查10%。

⑤孔径:采用尺量,抽查10%。

【引】根据法国标准①的规定:

(1)螺杆的验收检查

螺杆的验收检查包括螺杆各个构件的物理特性、几何特性和力学性能。因此,同一批货中的每个构件,都应当分别进行检查。

(2)螺杆检查试验

在施工期间,承包商应对已实施就位的螺杆进行检查试验。这些试验的条件与适应性试验条件相同,但是不能在荷载大于使用荷载20%时进行。

检查试验的抽查比例为:对每1 000根实施的螺杆,测试5次。检查试验的结果要尽快通知监理单位。

如果检查试验表明,螺杆的单位能力低于论证说明中的使用荷载,承包商必须负责修改螺杆设置图,以获得与设计要求相同的支承能力。

【注】关于检查频率,国内规范对数量、抗拔力、孔位、孔深、孔径均有规定。法国标准规定了螺杆的验收检查,包括螺杆各个构件的物理特性、几何特性和力学性能;同一批货中的每个构件,都应当分别进行检查;在施工期间,承包商应对已实施就位的螺杆进行检查试验。

3)锚杆抗拔力测试

根据《公路隧道施工技术规范》(JTG/T 3660—2020)的规定,验收试验的锚杆数量不得少于锚杆总数的5%,且不得少于3根。对于有特殊要求的工程,可按设计要求增加验收锚杆的数量。

【引】根据法国标准②的规定,除合同另有约定外,材料的放置与使用均由施工技术人员按照相应规定进行。

施工技术人员必须在现场拥有必要的手段和设备,按照市场设定的频率检查产品成分是否符合已确定的要求。

【注】国内规范要求,验收试验的锚杆数量不得少于锚杆总数的5%,且最低不得少于3根;对于有特殊要求的工程,可按设计要求增加验收锚杆的数量。法国标准要求,除合同另有约定外,材料的控制和执行的控制均由持有人按其在执行程序中的规定进行;持有人必须在现场拥有必要的手段和设备,按照市场设定的频率检查产品成分是否符合已确定的要求。

4)锚杆锚固长度和密实度检测

根据《公路隧道施工技术规范》(JTG/T 3660—2020)的规定,锚杆锚固长度和密实度

---

①法国,《通用技术条款手册(C.C.T.G) 第69分册:地下工程》。
②法国,《通用技术条款手册(C.C.T.G) 第65分册:执行土木工程的具体方法》。

检测的频率要求为:

①数量:采用目测,现场逐根清点。

②抗拔力:采用拉拔仪,抽查 1%,且不少于 3 根。

③孔位:采用尺量,抽查 10%。

④孔深:采用尺量,抽查 10%。

⑤孔径:采用尺量,抽查 10%。

【注】关于检测频率,国内规范对数量、抗拔力、孔位、孔深、孔径均有规定,而国外标准未提及检测频率相关规定。

5)喷射混凝土质量检测

根据《公路隧道施工技术规范》(JTG/T 3660—2020)的规定,喷射混凝土质量检测的频率为:

①喷射混凝土强度:喷射混凝土抗压强度评定内容参照《岩土锚杆与喷射混凝土支护工程技术规范》(GB 50086—2015)及《公路隧道施工技术规范》(JTG/T 3660—2020)编写。

②喷层厚度:采用凿孔法,每 10 m 检查 1 个断面,每个断面从拱顶中线起每 3 m 测 1 点。

③喷层与围岩接触状况:沿隧道纵向分别在拱顶、两侧拱腰、两侧边墙连续测试 5 条测线,每 10 m 检查 1 个断面,每个断面测 5 点。

【注】关于检测频率,国内规范对数量、抗拔力、孔位、孔深、孔径均有规定,而法国标准《通用技术条款手册(CCTG)　第 69 分册:地下工程》中对喷射混凝土质量检测的方法和判定有相应的规定,但并未提及检测频率相关规定。

6)钢筋网施工质量检测

根据《公路隧道施工技术规范》(JTG/T 3660—2020)的规定,钢筋网施工质量检测的频率为:

①钢筋网喷射混凝土保护层厚度:采用凿孔法,每 10 m 测 5 点。

②网格尺寸:采用尺量,每 100 m² 检查 3 个网眼。

③搭接长度:采用尺量,每 20 m 测 3 点。

【注】关于检测频率,国内规范对钢筋网喷射混凝土保护层厚度、网格尺寸、搭接长度均有规定,国外标准无这方面规定。

7)钢架施工质量检测

根据《公路隧道施工技术规范》(JTG/T 3660—2020)的规定,钢架施工质量检测的频率为:

①榀数:采用目测,逐榀检查。

②间距:采用尺量,逐榀检查。

③喷射混凝土保护层厚度:采用凿孔法,每20 m测5点。

④倾斜度:采用铅锤法,逐榀检查。

⑤拼装偏差:采用尺量,逐榀检查。

⑥安装偏差:横向采用尺和水准仪,逐榀检查;纵向采用尺和水准仪,逐榀检查。

⑦连接钢筋:组数采用目测,逐榀检查;间距采用尺量,逐榀检查3处。

【注】国内规范对榀数、间距、喷射混凝土保护层厚度、倾斜度、拼装偏差、安装偏差、连接钢筋均有规定,对榀数、间距、倾斜度、安装偏差、连接钢筋组数逐榀检查,喷射混凝土保护层厚度应每20m测5点,连接钢筋间距应逐榀检查3处。国外标准无这方面规定。

8)喷锚衬砌断面尺寸检测

根据《公路隧道施工技术规范》(JTG/T 3660—2020)的规定,喷锚衬砌断面尺寸检测的频率为:

①喷射混凝土强度:喷射混凝土抗压强度评定内容参照《岩土锚杆与喷射混凝土支护工程技术规范》(GB 50086—2015)及《公路隧道施工技术规范》(JTG/T 3660—2020)编写。

②喷层厚度:采用凿孔法,每10 m检查1个断面,每个断面从拱顶中线起每3 m测1点。

③喷层与围岩接触状况:沿隧道纵向分别在拱顶、两侧拱腰、两侧边墙连续测试5条测线,每10m检查1个断面,每个断面测5点。

【注】国内规范对喷锚衬砌断面尺寸每隔一段距离检查1个断面,每个断面测若干点。国外标准无这方面规定。

9)混凝土衬砌施工检查

隧道混凝土衬砌检测为隧道全长范围,一般要求在隧道拱顶、拱腰、拱墙对称布置测线,共布置5条。

【引】根据法国标准①的规定,检测频率根据混凝土产量和批次进行抽检。一般是每30 t喷射产品,做一次检测。

【注】国内规范检测要求更严格,根据实体情况确定检测线路和频率。法国标准对检测频率做了部分规定,但更依赖于监理单位对工程量和批次的判断,较少有具体天数的规定。

---

①法国,《通用技术条款手册(C.C.T.G) 第69分册:地下工程》。

10)模筑混凝土衬砌质量检测

根据《公路工程质量检验评定标准　第一册　土建工程》(JTG F80/1—2017)的规定,模筑混凝土衬砌质量检测应符合下列要求:

①隧道施工阶段检测时,测线布置应以纵向布置为主、横向布置为辅。单洞两车道隧道应分别在隧道的拱顶、左右拱腰、左右边墙布置5条测线,单洞三车道隧道应在隧道的拱腰部位增加两条测线,遇到支护(衬砌)有缺陷的地方应加密测线。

②交工验收阶段检测时,测线布置应以纵向布置为主、横向布置为辅。单洞两车道隧道应分别在隧道的拱顶、左右拱腰布置3条测线,单洞三车道隧道应在隧道的拱腰部位增加两条测线,遇到支护(衬砌)有缺陷的地方应加密测线。

③每5~10 m测线应有一个里程标记。

【注】国内规范对模筑混凝土衬砌质量检测频率的规定较为明确具体,针对不同阶段、不同类型隧道,均有不同要求。未找到国外标准针对模筑混凝土衬砌质量检测频率的规定。

11)混凝土抗渗性能试验

【引】根据英国标准[1]的规定:

①GBR-P(聚合物土工合成屏障):每种配方一次,但每5年不少于一次测试,仅测试最低制造厚度。

②GBR-B(沥青土工合成屏障):每种配方一次,但每5年不少于一次测试,仅测试最低制造厚度。

③GBR-C(黏土土工合成屏障):每25 000 m² 测试一次或更改配方,仅测试每单位面积的最低制造黏土质量。如果在黏土组分中使用聚合物,则在没有聚合物添加剂的情况下测试液体密封性。如果使用多组分GBR-C,则在没有多组分屏障的情况下测试GBR-C的液密性。

【注】在检测频率方面,国内规范未对混凝土抗渗性能试验进行明确规定。法国标准中,对三类不同材质的防水层的检测频率进行了明确的规定,规定了具体的时间间隔或距离间隔。

12)防水层施工质量检测

根据《公路隧道施工技术规范》(JTG/T 3660—2020)的规定,防水层施工质量检测的频率为:

①搭接长度:每5环搭接抽查3处。

②缝宽:每5环搭接抽查3处。

----

[1]英国,《土工合成挡墙　隧道和相关地下结构施工所需的特性》(BS EN 13491—2018)。

③固定点间距:每 20 m 检查 3 处。

④焊缝密实性:每 20 m 检查 1 处焊缝。

【引】根据英国标准①的规定,详见附表 3、附表 4、附表 5②,分别为 3 种土工合成屏障的测试频率。

根据法国标准③的规定:

①针对现场浇筑的防水层材料,一般而言,每浇筑 250 m² 产品后,进行黏合性试验、邵氏 A 硬度(在工地上现浇产品提取 5 mm 厚的样本)和测量厚度。每浇筑 500 m² 产品后,进行一次纵向拉伸试验。

②沥青聚合物防水层薄膜:按照每 200 m 的平均频率,进行一次黏合试验。

③防水层拱背用合成薄膜:在平均每 400 m² 的 PVC 薄膜上,监理单位将进行一次破坏性熔接质检;对于其他薄膜产品,平均每 200 m² 进行一次破坏性熔接质检试验。

④拱腹处防水涂层:标准中无规定。

【注】国内规范对防水层施工质量的检测频率是以间隔要求的形式进行规定的,规定每隔一定距离或一定环节需进行检测。

与国内规范类似,国外标准中的检测频率规定也以间隔距离为主。英国标准按照不同材质的防水层的不同性质分别规定其各项目的检测频率;法国标准也对不同材质的防水层进行分别规定,外观检查无具体要求,各类试验的频率有明确规定。

13)排水系统施工质量检查

根据《公路隧道施工技术规范》(JTG/T 3660—2020)的规定,排水系统施工质量检测的频率为:

①混凝土强度:按《公路隧道施工技术规范》(JTG/T 3660—2020)附录 B 检查。

②轴线偏位、断面尺寸或管径、壁厚、沟底高程、纵坡、基础厚度:每 10 m 测一处。

【注】国内规范对排水系统的各项尺寸检查频率均一致,国外标准中未规定排水系统检测的内容及频率。

14)围岩稳定措施

【注】该项内容为围岩稳定措施,是为保证围岩在隧道施工过程中保持稳定性采取的措施,故不涉及检测的频率。

15)涌水处理措施

【注】该项内容为涌水处理措施,是为保证围岩在隧道施工过程中保持稳定性采取的

---

①英国,《土工合成挡墙　隧道和相关地下结构施工所需的特性》(BS EN 13491—2018)。

②参见《土工合成挡墙　隧道和相关地下结构施工所需的特性》(BS EN 13491—2018)。

③法国,《通用技术条款手册(C.C.T.G) 　第 67 分册:地下构造物的防水密封性》。

措施,故不涉及检测的频率。

16) 超前支护施工质量检查

根据《公路隧道施工技术规范》(JTG/T 3660—2020)的规定,超前支护施工质量检查的频率为:

(1)超前锚杆施工质量检查

超前锚杆长度:逐根检查;锚杆数量:逐环检查;锚杆环向间距:每环检查不少于5根;孔深:每环检查不少于5根;锚杆尾端支承:逐根检查。

(2)超前小导管施工质量检查

小导管长度:逐根检查;小导管数量:逐环检查;小导管环向间距:每环检查不少于5根;钻孔深度:每环检查不少于5根;小导管尾端支承:每环检查不少于5根;小导管管内砂浆:逐根检查。

(3)超前管棚施工质量检查

管棚钢管长度:逐根检查;管棚钢管数量:逐环清点;管棚钢管环向间距:每环检查不少于5根;钻孔深度:逐根检查;管棚钢管管内钢筋笼:每环检查不少于5根;管棚钢管管内砂浆:每环检查不少于5根;套拱中线位置:每处检查;套拱拱顶高程:每处拱顶检查;套拱厚度:每处检查;套拱跨度:每处检查。

【引】根据法国标准①的规定:

①螺杆的验收检查,包括螺杆各个构件的物理特性、几何特性和力学性能。因此,同一批货中的每个构件,都应当分别进行检查。

②在施工期间,承包商应对已实施就位的螺杆进行检查试验。这些试验的条件与适应性试验条件相同,但是不能在荷载大于使用荷载的20%时进行。

检查试验的抽查比例为对每1 000根实施的螺杆,测试5次。检查试验的结果要尽快通知监理单位。

如果检查试验表明,螺杆的单位能力低于论证说明中的使用荷载,承包商必须负责修改螺杆设置图,以获得与设计要求相同的支承能力。

【注】国内规范对超前支护施工质量检查的检查频率有明确的规定,主要是抽查的数量及比例要求;法国标准对应的锚杆施工质量检查也是以抽查比例的形式进行规定。相较而言,国内规范的规定更为细致严格。

17) 超前地质预报

根据《公路隧道施工技术规范》(JTG/T 3660—2020)的规定,开挖掌子面距离高风险断层或煤层100 m之前,应开始实施超前地质钻探。

---

①法国,《通用技术条款手册(C.C.T.G)　第69分册:地下工程》。

【引】根据法国标准①的规定,检测频率根据地层情况而定,且具体频率由监理单位制定。每次地质状况预测或局部地层状况显示,可能遇到危险土层时,承包商必须请示监理单位同意进行钻孔探测。

【注】国内外规范均对超前地质预报频率进行了规定,但存在不同:国内规范明确超前地质预报的时机,国外规范的检测频率视监理单位的判断和实际地层状况确定。

国内规范规定较为明确具体,但为普适性内容。国外规范较为概括,视具体工程情况而定,对监理单位的意见依赖较大。

18)粉尘浓度测定

根据《工作场所空气中粉尘测定》(GBZT 192—2007)的规定,以下情况适用于 PC-TWA 评价时进行采样:

①工作日内,空气中粉尘浓度比较稳定,没有大的浓度波动,可用短时间采样方法采集 1 个或数个样品。

②工作日内,空气中粉尘浓度变化有一定规律,即有几个浓度不同但稳定的时段时,可在不同浓度时段内,用短时间采样,并记录劳动者在此浓度下接触的时间。

【注】国内标准针对粉尘浓度检测频率的规定较为具体细致,分多种情况进行检测频率的规定。未找到国外标准中针对粉尘浓度测定频率的内容。

19)瓦斯检测

根据《公路隧道施工技术规范》(JTG/T 3660—2020)的规定,高海拔隧道或长、特长隧道应不定期抽样监测隧道内空气中的氧气含量及一氧化碳、二氧化碳、氮氧化物等。

【引】根据英国标准②的规定,除非机械设计用于爆炸性环境,否则必须设置监控系统。当达到预设的报警值时,监控系统应发出声光报警。除非机器设计用于爆炸性环境,否则机器应该包含一个持续监测氧气含量不足的系统。一旦达到预设的阈值,监控系统应在控制站触发可视或听觉报警。

【注】国内外规范中,瓦斯检测频率均为概况性内容。国内规范针对瓦斯检测的频率并不明确,仅要求不定期抽样。国外规范规定持续检测,未对检测频率做明确规定。

20)一氧化碳检测

【注】未找到国内外规范针对一氧化碳检测频率的相关内容。

21)硫化氢检测

【引】根据美国标准③的规定:

---

①法国,《通用技术条款手册(C. C. T. G) 第 69 分册:地下工程》。

②英国,《隧道掘进机 掘进机和连续掘进机 安全要求》(BS EN 12111—2014)。

③美国,《NIOSH 分析方法手册》。

①每天至少取 6 个样品进行检测,检测标准为每毫升样品内含有 $0.1 \sim 20 \ \mu g$ 硫酸盐离子(即每 10 mL 样品中含有 $1 \sim 200 \ \mu g$ 硫酸盐离子)。

a. 向 10 mL 或 25 mL 容量瓶加入已知量的校准原液到去离子水中,稀释至标记处。每两周更新记录。

b. 与样品和空白对照组一起分析。

c. 制作校准图。

②在校准范围内,对每批用于采样的木炭至少测定一次解吸效率(DE)。准备 3 层各 4 管,外加 3 层介质空白对照组。

a. 收集来自校准气体混合物或渗透装置中的硫化氢浓度。必要时,与稀释空气混合。

b. 以 1 L/min 的流速进行样品采集,并持续 30 min。

c. 盖上瓶盖,放置过夜。

d. 分解,并与工作标准一起分析。

e. 制备 DE 与回收的硫酸盐木粉对比图。

③分析 3 个质量控制盲峰和 3 个分析峰值,以确保校准图在控制范围内。

【注】未找到国内规范中关于硫化氢检测频率的规定。国外标准中,针对硫化氢检测频率做了较为具体的要求,并附上具体的检测步骤。

22)盾构隧道管片质量检测

【注】目前搜集到的国内外规范中,并没有盾构隧道管片质量检测频率的相关内容。

23)盾构隧道施工质量检测

根据《公路隧道施工技术规范》(JTG/T 3660—2020)的规定,对盾构隧道施工质量进行检测的频率应为:

(1)隧道轴线和高程

隧道轴线平面位置:1 点/环;隧道轴线高程:1 点/环。

(2)管片拼装

衬砌环直径椭圆度:4 点/环;相邻管片的径向错台:4 点/环;相邻环片环面错台:1 点/环。

【注】国内规范对隧道施工质量检测频率做了具体要求,国外标准对这方面的检测内容暂无。

4.2.6　隧道检测交竣工评定方法

(1)分部工程质量评定方法

工程实体检测以本手册规定的抽查项目及频率为基础,按抽查项目的合格率加权平均值乘以 100 作为分部工程实测得分；对于外观检查发现的缺陷，在分部工程实测得分的基础上采用扣分制，扣分累计不得超过 15 分。

（2）单位工程质量评定方法

根据分部工程得分采用加权平均值计算单位工程得分，再逐级加权计算合同段工程质量得分。对于内业资料审查发现的问题，在合同段工程质量得分的基础上采用扣分制，扣分累计不得超过 5 分；合同段工程质量得分减去内业资料扣分，为该合同段工程质量评定得分。采用加权平均值计算建设项目工程质量评定得分。

（3）工程质量等级评定

①工程质量等级应按分部工程、单位工程、合同段、建设项目逐级进行评定，分部工程质量等级分为合格、不合格两个等级；单位工程、合同段、建设项目工程质量等级分为优良、合格、不合格 3 个等级。

②分部工程得分大于或等于 75 分，则分部工程质量为合格，否则为不合格。

③单位工程所含各分部工程均合格，且单位工程得分大于或等于 90 分，质量等级为优良；所含各分部工程均合格且得分大于或等于 75 分且小于 90 分，质量等级为合格；否则，为不合格。

④合同段（建设项目）所含单位工程（合同段）均合格，且工程质量评定得分大于或等于 90 分，工程质量评定等级为优良；所含单位工程均合格，且得分大于或等于 75 分且小于 90 分，工程质量评定等级为合格；否则，为不合格。

⑤不合格分部工程经整修、加固、补强或返工后可重新进行评定，直至合格。

【引】根据英国标准①的规定，防水层施工质量检测中耐久性相关性质的测试评定方法及标准见本手册附录 A，其他未定义。

【注】国内规范中，交竣工评定方法是先对分部工程进行质量检测再得出分部工程得分后，按照公式采用加权平均值计算建设项目工程质量评定得分，各步均有明确的计算公式。

---

①英国，《土工合成挡墙：隧道和相关地下结构施工所需的特性》(BS EN 13491—2018)。

5

桥梁检测技术

5.1 桥梁检测整体概述

桥梁检测主要针对桩基础施工、上部结构施工等施工过程中关键质量控制项目进行。通过物理检测手段，对桩基础成孔质量、桩基身结构完整性、承载能力、支座、混凝土强度等进行检测，对施工质量进行评价，依据规范要求提出检测成果意见，针对检测问题提出原因分析和整改处治建议，保证桥梁施工期间的质量满足设计和规范要求，进而提高桥梁施工项目的整体质量。

5.2 桥梁检测项目

桥梁检测项目包括地基承载力检测，基桩成孔质量检测，桩身完整性检测，基桩承载力检测，钢材检测，预应力筋用锚具、夹具、连接器试验检测，桥梁支座试验检测，桥梁伸缩装置试验检测，混凝土试验。

5.3 桥梁检测技术手段

5.3.1 地基承载力试验

根据《公路桥涵地基与基础设计规范》（JTG 3363—2019）的规定，地基承载力特征值 f_{a0} 宜由载荷试验或其他原位测试方法实测取得，其值不应大于地基极限承载力的 1/2。对于中小桥、涵洞，当受现场条件限制或开展载荷试验和其他原位测试确有困难时，也可以按规范有关规定确定。

根据岩土类别、状态、物理力学特性指标及工程经验确定地基承载力特征值 f_{a0} 时，可按表 5.1 至表 5.7 的规定进行：

①一般岩石地基可根据强度等级、节理按表 5.1 确定其承载力特征值 f_{a0}。对复杂的

岩层(如溶洞、断层、软弱夹层、易溶岩石、崩解性岩石、软化岩石等)应按各项因素综合确定。

表5.1　岩石地基承载力特征值 f_{a0}　　　　　　　　　　　单位:kPa

坚硬程度	节理发育程度		
	节理不发育	节理发育	节理很发育
坚硬岩、较硬岩	>3 000	2 000 ~ 3 000	1 500 ~ 2 000
较软岩	1 500 ~ 3 000	1 000 ~ 1 500	800 ~ 1 000
软岩	1 000 ~ 1 200	800 ~ 1 000	500 ~ 800
极软岩	400 ~ 500	300 ~ 400	200 ~ 300

②碎石土地基可根据类别和密实程度按表5.2确定其承载力特征值 f_{a0}。

表5.2　碎石土地基承载力特征值 f_{a0}　　　　　　　　　　单位:kPa

土的名称	密实程度			
	密实	中密	稍密	松散
卵石	1 000 ~ 1 200	650 ~ 1 000	500 ~ 650	300 ~ 500
碎石	800 ~ 1 000	550 ~ 800	400 ~ 550	200 ~ 400
圆砾	600 ~ 800	400 ~ 600	300 ~ 400	200 ~ 300
角砾	500 ~ 700	400 ~ 500	300 ~ 400	200 ~ 300

注:①由硬质岩组成,填充砂土者高取高值;由软质岩组成,填充黏性土者取低值。
　②半胶结的碎石土按密实的同类土提高10% ~30%。
　③松散的碎石土在天然河床中很少遇见,需特别注意鉴定。
　④漂石、块石参照卵石、碎石取值并适当提高。

③砂土地基可根据土的密实度和水位情况按表5.3确定其承载力特征值 f_{a0}。

表5.3　砂土地基承载力特征值 f_{a0}　　　　　　　　　　　单位:kPa

土的名称	湿度	密实程度			
		密实	中密	稍密	松散
砾砂、粗砂	与湿度无关	550	430	370	200
中砂	与湿度无关	450	370	330	150
细砂	水上	350	270	230	100
	水下	300	210	190	—
粉砂	水上	300	210	190	—
	水下	200	110	90	—

④粉土地基可根据土的天然孔隙比 e 和天然含水率 ω 按表5.4确定其承载力特征值 f_{a0}。

表5.4 粉土地基承载力特征值 f_{a0} 单位:kPa

e	$\omega/\%$					
	10	15	20	25	30	35
0.5	400	380	355	—	—	—
0.6	300	290	280	270	—	—
0.7	250	235	225	215	205	—
0.8	200	190	180	170	165	—
0.9	160	150	145	140	130	125

⑤老黏性土地基可根据压缩模量 E_s 按表5.5确定其承载力特征值 f_{a0}。

表5.5 老黏性土地基承载力特征值 f_{a0}

E_s/MPa	10	15	20	25	30	35	40
f_{a0}/kPa	380	430	470	510	550	580	620

注:当老黏性土 $E_s<10$ MPa 时,地基承载力特征值 f_{a0} 按一般老黏性土(表5.6)确定。

⑥一般黏性土地基可根据液性指数 I_L 和天然孔隙比 e 按表5.6确定其承载力特征值 f_{a0}。

表5.6 一般老黏性土地基承载力特征值 f_{a0} 单位:kPa

e	I_L												
	0	0.1	0.2	0.3	0.4	0.5	0.6	0.7	0.8	0.9	1.0	1.1	1.3
0.5	450	440	430	420	400	380	350	310	270	240	220	—	—
0.6	420	410	400	380	360	340	310	280	250	220	200	180	—
0.7	400	370	350	330	310	290	270	240	220	190	170	160	150
0.8	380	330	300	280	260	240	230	210	180	160	150	140	130
0.9	320	280	260	240	220	210	190	180	160	140	130	120	100
1.0	250	230	220	210	190	170	160	150	140	120	110	—	—
1.1	—	—	160	150	140	130	120	110	100	90	—	—	—

注:表中含有粒径大于 2 mm 的颗粒质量超过总质量30%者, f_{a0} 可适当提高。当 $e<0.5$ 时,取 $e=0.5$;当 $I_L<0$ 时,取 $I_L=0$。此外,超过表列范围的一般黏性土, $f_{a0}=57.22E_s^{0.57}$。一般黏性土地基承载力特征值 f_{a0} 取值大于300 kPa 时,应有原位测试数据作为依据。

⑦新近沉积黏性土地基可根据液性指数 I_L 和天然孔隙比 e 按表5.7确定其承载力

特征值f_{a0}。

表5.7　新近沉积黏性土地基承载力特征值f_{a0}　　　　　　单位:kPa

e	I_L		
	≤0.25	0.75	1.25
≤0.8	140	120	100
0.9	130	110	90
1.0	120	100	80
1.1	110	90	—

根据《建筑地基检测技术规范》(JGJ 340—2015)的规定:

①建筑地基检测应根据检测对象情况,选择深浅结合、点面结合、载荷试验和其他原位测试相结合的多种试验方法综合检测。

②人工地基承载力检测应符合下列规定:

a.换填、预压、压实、挤密、强夯、注浆等方法处理后的地基应进行土(岩)地基载荷试验。

b.水泥土搅拌桩、砂石桩、旋喷桩、夯实水泥土桩、水泥粉煤灰碎石桩、混凝土桩、树根桩、灰土桩、柱锤冲扩桩等方法处理后的地基应进行复合地基载荷试验。

c.水泥土搅拌桩、旋喷桩、夯实水泥土桩、水泥粉煤灰碎石桩、混凝土桩、树根桩等有黏结强度的增强体应进行竖向增强体载荷试验。

d.强夯置换墩地基,应根据不同的加固情况,选择单墩竖向增强体载荷试验或单墩复合地基载荷试验。

③天然地基岩土性状、地基处理均匀性及增强体施工质量检测,可根据各种检测方法的特点和适用范围,考虑地质条件及施工质量可靠性、使用要求等因素,应选择标准贯入试验、静力触探试验、圆锥动力触探试验、十字板剪切试验、扁铲侧胀试验、多道瞬态面波试验等一种或多种的方法进行检测,检测结果结合静载荷试验成果进行评价。

④土(岩)地基载荷试验分为浅层平板载荷试验、深层平板载荷试验和岩基载荷试验。浅层平板载荷试验适用于确定浅层地基土、破碎、极破碎岩石地基的承载力和变形参数;深层平板载荷试验适用于确定深层地基土和大直径桩的桩端土的承载力和变形参数,试验深度不应小于5 m;岩基载荷试验适用于确定完整、较完整、较破碎岩石地基的承载力和变形参数。

⑤标准贯入试验锤击数值可用于分析岩土性状,判定地基承载力,判别砂土和粉土的液化,评价成桩的可能性、桩身质量等。N值的修正应根据建立的统计关系确定。

⑥圆锥动力触探试验应根据地质条件,按下列原则合理选择试验类型:

a.轻型动力触探试验适用于评价黏性土、粉土、粉砂、细砂地基及其人工地基的地基土性状、地基处理效果和判定地基承载力。

b.重型动力触探试验适用于评价黏性土、粉土、砂土、中密以下的碎石土及其人工地基以及极软岩的地基土性状、地基处理效果和判定地基承载力,也可用于检验砂石桩和初凝状态的水泥搅拌桩、旋喷桩、灰土桩、夯实水泥土桩、注浆加固地基的成桩质量、处理效果以及评价强夯置换效果及置换墩着底情况。

c.超重型动力触探试验适用于评价密实碎石土、极软岩和软岩等地基土性状和判定地基承载力,也可用于评价强夯置换效果及置换墩着底情况。

【引】根据欧洲标准[①]的规定,现场原位承载力试验包括旁压试验(PMT)、扩展基础的承载力、桩承载力、标准贯入试验(SPT)和动态探测试验(DP)。

1)旁压试验(PMT)

(1)目标

①旁压试验的目的是现场测量由圆柱形柔性薄膜在压力下膨胀引起的土壤和软岩变形。

②该测试包括将含有圆柱形柔性膜的探针插入地面,或插入预成型钻孔,或通过自钻或全位移推动。一旦达到预定深度,膜在压力作用下发生膨胀,并记录压力和膨胀读数,直到达到特定装置的最大膨胀。膨胀根据径向位移测量或根据圆柱形容器的体积变化计算。

③该试验应用于推导地面的强度和(或)变形参数或特定的旁压仪参数。

④研究结果可用于推导细土和软岩中的应力-应变曲线。

(2)具体要求

①当计划进行一个项目测试时,应指定要使用的旁压计类型。

②通常有4种不同类型的仪器,应采用相应的标准:

a.符合《岩土工程勘察与实地研究》(ENISO 22476-5)的预钻孔旁压计(PBP),可进行柔性膨胀计试验(FDT)。

b.Menard 旁压计(MPM)是 PBP 的一种特殊形式,符合《岩土工程勘察与实地研究》(EN ISO 22476-4)的相关要求。

c.符合《岩土工程勘察与实地研究》(EN ISO 22476-6)的自钻式旁压计(SBP)。

d.符合《岩土工程勘察与实地研究》(EN ISO 22476-8)的全排量旁压计(FDP)。

注意:将 PBP 和 MPM 降低到专为旁压试验创建的试验孔中。SBP 在其下端采用一个整体切割头钻入地面,以便探头替换其移除的材料,从而形成自己的测试孔。FDP 通常被推入地面,其下端有一个完整的圆锥体,从而形成自己的测试孔。在某些情况下,MPM 可能会被推入或打入地面。根据安装和测量系统的类型,PBP、SBP 和 FDP 探头可采用多种形式。

---

①欧洲,《欧洲规范7 岩土工程设计》。

③可采用两种不同的基本试验程序:一是获得旁压仪模量(EM)和极限压力(PM)的程序,可用于为 Menard 旁压仪制定的设计程序;二是获取其他刚度和强度参数的程序。

④试验应按照符合所用特定仪器类型要求的试验方法进行和提交报告。

⑤应证明与相应标准中给出的要求存在任何偏差,尤其是其对结果的影响。

(3)扩展基础的承载力

①如果使用半经验方法,则需要遵循与该方法相关的所有方面,尤其是建立该方法时使用的旁压器类型规范。应遵循《岩土工程勘察与实地研究 第四部分》(EN ISO 22476-4)。注意:《欧洲规范7 岩土工程设计》(EN 1997-1:2004)附录 E 中给出了 Menard 的半经验方法。

②如果使用分析方法,可使用经验和理论方法确定土壤强度,但只能基于当地经验。注意:《欧洲规范7 岩土工程设计》(EN 1997-1:2004)附录 A 中给出了分析方法的示例。

③剪切阻力角可通过理论方法在粗土中进行 SBP 试验,并通过使用经验相关性的 FDP 和 PBP 试验确定,但仅基于当地经验。

(4)桩承载力

①桩的极限抗压强度可直接通过应力控制试验得出。

②当桩的极限抗压或抗拉强度间接来自旁压计试验结果时,可采用分析方法推导基底和轴阻力值,但仅基于当地经验。

2)标准贯入试验(SPT)

(1)目标

①标准贯入试验的目的是确定钻孔底部土壤对分筒取样器(或实心锥体)动力贯入的阻力,并获取扰动样品进行识别。

②应通过将质量为 63.5 kg 的锤子从 760 mm 的高度扔到铁砧或驱动头上,将取样器打入土壤中。使取样器穿透 300 mm(在重力作用下穿透并低于底座驱动装置)所需的锤击次数(N)为穿透阻力。

③试验应主要用于测定粗土的强度和变形特性。

④在其他类型的土壤中,也可以获得有价值的额外数据。

(2)具体要求

①试验应按照《岩土工程勘察与实地研究 第三部分》(EN ISO 22476-3)进行和提交报告。

②应证明与《岩土工程勘察与实地研究 第三部分》(EN ISO 22476-3)中给出要求的任何偏差是合理的,尤其是其对试验结果的影响应予以判定。

(3)砂土中扩展基础的承载力

如果使用分析方法计算承载力,则可根据 SPT 结果得出有效抗剪角。注意:关于计算阻力的分析方法示例,参见《欧洲规范7 岩土工程设计》(EN 1997-1:2004)附录 D。

a.剪切阻力角的值可从以下经验中得出:一是与 SPT 结果直接相关;二是与密度指数的相关性,其中密度指数来自 SPT 结果。

注意:可参见示例 F.1 和 F.2;F.1 中给出的关系可用于确定 $N60$ 或 $(N1)60$ 中的密度指数[参见《岩土工程勘察与实地研究 第三部分》(EN ISO 22476-3)]。

b.固结地质周期越长,砂土的抗变形能力往往越大。这种老化效应反映在较高的锤击数中,应予以考虑。

c.对于相同的 SPT 结果与密度指数,应考虑过度固结,因为它会增加锤击数。

注意:在例 F.1 中,一些样本相关性显示,通过这些相关性,可以考虑老化和过度固结的影响;当校正过度固结和老化效应时,根据例 F.2 中的相关性,使用密度指数得出的结果 0 值是保守的。

(4)砂土中的桩承载力

根据《欧洲规范7 岩土工程设计》(EN 1997-1:2004)中 7.6.2.3 或 7.6.3.3 的标准贯入试验结果得出桩了极限抗压或抗拉强度,应使用基于静载试验结果和标准贯入试验结果之间在当地建立相关性的计算规则。

3)动态探测试验(DP)

(1)目标

①动力探测试验的目的是确定现场土壤和软岩对锥体动力贯入的阻力。

②应使用给定质量和下落高度的锤来驱动锥体。贯入阻力为将贯入仪驱动超过规定距离所需的锤击次数。应提供有关深度的连续记录。没有发现任何样本。

③试验结果应特别用于确定土壤剖面,以及通过钻孔和开挖取样的结果,或作为其他现场试验的相对比较。

④结果也可用于通过适当的相关性确定土壤的强度和变形特性,通常为粗粒土壤,但也可能为细土。

⑤该结果还可用于确定非常密集地层的深度,如指示端承桩的长度。

(2)具体要求

①应根据《岩土工程勘察与实地研究 第二部分》(EN ISO 22476-2)确定所需 DP 试验的类型。

②试验应按照《岩土工程勘察与实地研究 第二部分》(EN ISO 22476-2)进行和提交报告。

注意:根据《岩土工程勘察与实地研究 第二部分》(EN ISO 22476-2),有 5 种程序可供使用,涵盖了每次打击的各种具体工作。它们分别是 DPL、DPM、DPH、DPSH-A 和 DPSH-B。

a.动态探测光(DPL):代表动态贯入仪质量范围低端的测试。打击次数:N_{10L}。

b. 动态探测介质(DPM):代表动态贯入仪中等质量范围的试验。锤击数:N_{10M}。

c. 动态探测重型(DPH):代表动态传感器中等至超重型质量范围的测试贯入计。锤击数:N_{10H}。

d. 动态探测超重型(DPSH-A 和 DPSH-B):代表车辆质量范围上限的试验与 SPT 尺寸密切相关的动态贯入仪。击数:N_{10SA} 或 N_{20SA},N_{10SB} 或 N_{20SB}。

③应证明与《岩土工程勘察与实地研究 第二部分》(EN ISO 22476-2)中给出要求的任何偏差是合理的,尤其是其对试验结果的影响应予以判定。

注意:在以下方面存在偏差:一是落锤高度和落锤质量;二是锥体尺寸。例如,DPM锥体的面积为 10 cm^2,而不是《岩土工程勘察与实地研究 第二部分》(EN ISO 22476-2)第 4 条中规定的 15 cm^2。

④在特别难以接近的位置,可使用《岩土工程勘察与实地研究 第二部分》(EN ISO 22476-2)规定以外的轻型设备和程序。

【注】国内规范针对地基承载力检测根据不同地层进行承载力标准划分,并结合地层特性列举了地基承载力测试方法和注意事项。国外标准同样对现场原位承载力检测方法进行了说明,但未对适用地基进行划分。

国内规范列出了岩石、碎石土、砂土、粉土、老黏土、新近沉积黏性土的地基承载力特征值,提供了标准贯入试验、静力触探试验、圆锥动力触探试验、十字板剪切试验、扁铲侧胀试验、多道瞬态面波试验、平板载荷试验和动力触探试验等,各检测方法介绍得较具体,分类细致。欧洲标准在地基承载力方面列举了旁压试验、扩展基础承载力、桩承载力、标准贯入试验和动态探测试验等试验方法,介绍了其目的、原理、测试结果及处理。

相比较而言,国内规范的类别更细致,针对性较强。国外标准对试验方法进行介绍,多是概括性内容,具体施工中需结合实际场地类型进行分析判断。

5.3.2 基桩成孔质量检测

根据《公路桥涵施工技术规范》(JTG/T 3650—2020)的规定:

①钻孔灌注桩在终孔后,应对桩孔的孔位、孔径、孔形、孔深和倾斜度进行检验;清孔后,应对孔底的沉淀厚度进行检验。挖孔桩终孔并对孔底处理后,应对桩孔孔位、孔径、孔深、倾斜度及孔底处理情况等进行检验。

②孔径、孔形、倾斜度和孔底沉淀厚度宜采用专用仪器检测。孔深可采用专用测绳检测。采用钻杆测斜法测桩的倾斜度时,测量应从钻孔平台顶面起算至孔底。

根据《公路工程质量检验评定标准 第一册 土建工程》(JTG F80/1—2017)的规定:

①钻孔灌注桩成孔后应清孔,并测量孔径、孔深、孔位和沉淀厚度。确认满足设计要求并符合施工技术规范规定后,方可灌注水下混凝土。钻孔灌注桩实测项目应符合表5.8 的规定。

表 5.8　钻孔灌注桩实测项目

项次	检查项目			规定值或允许偏差	检查方法和频率
1	混凝土强度/MPa			在合格标准内	按附录 D 检查
2	桩位/mm	群桩		≤100	全站仪:每桩测中心坐标
		排架桩	允许	≤50	
			极值	≤100	
3	孔深/m			不小于设计值	测绳:每桩测量
4	孔径/mm			不小于设计值	探孔器或超声波成孔检测仪:每桩测量
5	钻孔倾斜度/mm			≤1%S,且≤500	钻杆垂线法或超声波成孔检测仪:每桩测量
6	沉淀厚度/mm			满足设计要求	沉淀盒或测渣仪:每桩测量
7	桩身完整性			满足设计要求;设计未要求时,每桩不低于Ⅱ类	满足设计要求;设计未要求时,采用低应变反射波法或超声波法:每桩检测

注:①S 为桩长,计算规定值或允许偏差时以 mm 计。

②表中附录 D 指《公路桥涵施工技术规范》(JTG/T 3650—2020)附录 D。

②挖孔桩实测项目应符合表 5.9 的规定。

表 5.9　挖孔桩实测项目

项次	检查项目			规定值或允许偏差	检查方法和频率
1	混凝土强度/MPa			在合格标准内	按附录 D 检查
2	桩位/mm	群桩		≤100	全站仪:每桩测中心坐标
		排架桩	允许	≤50	
			极值	≤100	
3	孔深/m			不小于设计值	测绳:每桩测量
4	孔径或边长/mm			不小于设计值	井径仪:每桩测量
5	钻孔倾斜度/mm			≤0.5%S,且≤200	铅锤法:每桩检查
6	桩身完整性			满足设计要求;设计未要求时,每桩不低于Ⅱ类	满足设计要求;设计未要求时,采用低应变反射波法或超声波法:每桩检测

注:①S 为桩长,计算规定值或允许偏差时以 mm 计。

②表中附录 D 指《公路桥涵施工技术规范》(JTG/T 3650—2020)附录 D。

【注】国内规范针对基桩成拱质量技术方法进行了具体的规定,明确了基桩成孔质量检测的项目、检测工具,同时针对不同的桩体进行了专门的划分。未找到国外标准中对基桩成孔质量检测方法的规定。

国内规范的规定细致明确,有利于现场的针对性检测。

5.3.3 桩身完整性检测

根据《建筑基桩检测技术规范》(JGJ 106—2014)的规定,使用钻芯法、低应变法、高应变法、声波透射法进行桩身完整性检测。

【注】国内规范对桩身完整性检测的方法规定较为简洁,明确了桩身完整性检测的方法。目前,未找到国外标准中关于桩身完整性检测方法的规定。

5.3.4 基桩承载力检测

根据《建筑基桩检测技术规范》(JGJ 106—2014)的规定,采用单桩竖向抗压静载试验、单桩竖向抗拔静载试验、单桩水平静载试验进行基桩承载力检测。

【引】根据欧洲标准[①]的规定,桩承载力和砂土中桩承载力的试验方法如下:

(1)桩承载力

①F'根据桩的极限抗压或抗拉强度(从CPT结果得出),则应使用基于静载荷试验结果和CPT结果之间建立的相关性计算规则。

②桩的极限抗压强度可直接通过应力控制试验得出。

③当桩的极限抗压或抗拉强度间接来自旁压计试验结果时,可采用分析方法推导基底和轴阻力值,但仅基于当地经验。

(2)砂土中的桩承载力

根据《欧洲规范7 岩土工程设计》(EN 1997-1:2004)中7.6.2.3或7.6.3.3的标准贯入试验结果得出桩了极限抗压或抗拉强度,应使用基于静载试验结果和标准贯入试验结果之间建立的相关性计算规则。

【注】国内规范对基桩承载力检测的规定较为简洁,明确了基桩承载力检测的方法。欧洲标准中,基桩承载力的规定较分散,给出了概况性的检测、计算方法,针对不同情况下的桩进行了简单分类。

国内规范中的检测技术方法均为应力控制试验。欧洲标准中的检测方法既包括应力控制试验,也包括旁压试验、标准贯入试验等。

综合分析,国内规范关于基桩承载力的检查主要针对成桩后的抗拔、抗压等承载能力,较少考虑桩所处的地层;国外标准则将桩承载力视为地基承载力的一部分,针对不同

①欧洲,《欧洲规范7 岩土工程设计》。

的场地条件分门别类地分析。

5.3.5 钢材

根据《公路桥涵施工技术规范》（JTG/T 3650—2020）的规定，钢筋分批检验时，可由同一牌号、同一炉罐号、同一尺寸的钢筋进行组批，每批的质量应不大于60 t；超过60 t的部分，每增加40 t（或不足40 t的余数）应增加一个拉伸和一个弯曲试验试样。钢筋的进场检验也可由同一牌号、同一冶炼方法、同一浇注方法的不同炉罐号组成混合批进行，但各炉罐号的含碳量之差应不大于0.02%，含锰量之差应不大于0.15%。

【注】国内规范中，检测方法多为分批检测，由同一牌号、同一炉罐号、同一尺寸的钢筋进行组批；钢筋的进场检验也可由同一牌号、同一冶炼方法、同一浇注方法的不同炉罐号组成混合批进行，但各炉罐号的含碳量之差应不大于0.02%，含锰量之差应不大于0.15%。目前，搜集到的国外标准对钢材的检测无明确规定。

5.3.6 预应力筋用锚具、夹具、连接器试验检测

根据《公路桥涵施工技术规范》（JTG/T 3650—2020）的规定，钢丝分批检验时，每批质量应不大于60 t。检验时，应先从每批中抽查5%且不少于5盘，进行表面质量检查。如检查不合格，则应对该批钢丝逐盘检查。在表面质量检查合格的钢丝中抽取5%，但不少于3盘，在每盘钢丝的两端取样进行抗拉强度、弯曲和伸长率的试验。试验结果如有一项不合格，则不合格盘报废，并从同批未试验过的钢丝盘中取双倍数量的试样进行该不合格项的复验；如仍有一项不合格，则该批钢丝为不合格。

钢绞线分批检验时，每批质量应不大于60 t。检验时，应从每批钢绞线中任取3盘，并从每盘所选的钢绞线端部正常部位截取一组试样进行表面质量、直径偏差和力学性能试验。如每批少于3盘，则应逐盘取样进行上述试验。试验结果如有一项不合格，则不合格盘报废，并再从该批未试验过的钢绞线中取双倍数量的试样进行该不合格项的复验；如仍有一项不合格，则该批钢绞线为不合格。

螺纹钢筋分批检验时，每批质量应不大于100 t。对表面质量应逐根目视检查，外观检查合格后在每批中任选2根钢筋截取试件进行拉伸试验。试验结果如有一项不合格，则应另取双倍数的试件重做全部各项试验；如仍有一根试件不合格，则该批钢筋为不合格。

【引】根据欧洲标准①的规定，对于后张法预应力结构，其钢筋两端暴露在混凝土外。使用的预应力系统必须获得欧洲技术批准（或ETA），并可选择使用外部预应力。除非市场另有说明，否则整个预应力钢筋都需要一个保护套来保护。

这个要求有不同的目的：为预应力钢筋提供更有效和更持久的保护，以消除意外断

---

①欧洲，《通用技术条款手册（C.C.T.G） 第65分册：执行土木工层的具体方法》。

裂时单根钢筋的风险。就其本身而言,通过实施适当的保护系统。

【注】国内规范中,对预应力筋用锚具、夹具、连接器试验的检测方法为分批检测,其中包括钢丝、钢绞线、螺纹钢筋三大类。

检验时,应先从每批中抽查一定比例,进行表面质量检查。如检查不合格,则应对该批次逐盘检查,在表面质量检查合格的钢丝中抽取一定比例;试验结果如有一项不合格,则不合格盘报废,并从同批未试验过的样品中取双倍数量的试样进行该不合格项的复验;如仍有一项不合格,则该批为不合格。法国标准中,预应力系统必须获得欧洲技术批准,同时可以使用后加预应力的方法。除非有明确要求,预应力钢筋全长必须由一个导管保护,从而免受腐蚀等作用。

5.3.7　桥梁支座试验检测

根据《公路桥梁板式橡胶支座》(JT/T 4—2019)、《公路桥梁盆式支座》(JT/T 391—2019)、《桥梁球型支座》(GB/T 17955—2009)的规定,从整体性能要求、外观、材料、表观与尺寸、工艺等方面对桥梁支座进行试验检测。

(1)整体性能要求

成品支座试验包括支座竖向承载力试验、支座水平承载力试验、支座摩擦系数试验和支座转动试验。

(2)外观

支座外观采用目测方法和相应精度的量具逐件检测。

(3)材料

材料包括钢件、橡胶、高性能滑板、硅脂、黄铜密封圈、SF-1 三层复合板。

(4)表观与尺寸

部件表观采用目测方法和相应精度的量具逐件检测。尺寸偏差采用标定的钢直尺、游标卡尺、刀口尺、塞尺等测量,取 3 个以上断面测量后,按平均值取用。

(5)工艺

①超声探伤。铸钢件超声探伤试验方法应按《铸钢件　超声检测　第 1 部分:一般用途铸钢件》(GB/T 7233.1—2023)的规定进行。

②缺陷焊补。缺陷焊补后的试验方法应按《铸钢件　超声检测　第 1 部分:一般用途铸钢件》(GB/T 7233.1—2023)中 6.4 节的规定进行。

③机加工件的试验方法应按《工程机械　机械加工件通用技术条件》(JB/T 5936—2018)的规定进行。

④焊接试验方法应按《焊缝无损检测　射线检测　第 1 部分:X 和伽玛射线的胶片技术》(GB/T 3323.1—2019)和《焊缝无损检测　超声检测　技术、检测等级和评定》(GB/T 11345—2013)的规定进行。

⑤表面涂装试验方法应按《公路桥梁钢结构防腐涂装技术条件》(JT/T 722—2008)的规定进行。

【引】根据欧洲标准①的规定,对地基和浅地基、桩式和连续墙基础、桩水平动载影响及垂直响应、支撑结构(桥墩和桥台)进行防护。

①给出了针对特定测试情况应采用的原则,以及每种应用需要特别注意的事项。通常,通过机械或伺服液压装置提供激励,可以使用带有或不带有力测量的冲击。将激励器接到至结构元件上只会产生激励向上的响应。如果激励器和任何附件的质量不很大,则需要评估其对动态响应的影响。

②激励施加时,应有明确的位置选择原因、方法及大小。

【注】国内规范中,检测工艺为:超声探伤→缺陷焊补→机加工件→焊接试验→表面涂装试验。国外标准中,检测通常通过机械或伺服液压装置提供激励。

5.3.8　桥梁伸缩装置试验检测

根据《公路桥梁伸缝装置通用技术条件》(JT/T 327—2016)的规定:

(1)模数式伸缩装置

①外观:外观采用目测方法和相应精度的量具逐件检测。

②材料:钢材性能试验要求见表5.10。

表5.10　钢材性能试验要求

钢材类别	试验要求
异型钢材	符合《优质碳素结构钢》(GB/T 699—2015)、《碳素结构钢》(GB/T 700—2006)、《低合金高强度结构钢》(GB/T 1591—2018)的规定
钢板、圆钢、方钢、角钢	符合《热轧钢棒尺寸、外形、重量及允许偏差》(GB/T 702—2017)、《热轧型钢》(GB/T 706—2016)和《碳素结构钢和低合金结构钢热轧钢板和钢带》(GB/T 3274—2017)的规定
锚固钢筋	符合《钢筋混凝土用钢　第1部分:热轧光圆钢筋》(GB/T 1499.1—2017)、《钢筋混凝土用钢　第2部分:热轧带肋钢筋》(GB 1499.2—2018)的规定
不锈钢板	符合《不锈钢冷轧钢板和钢带》(GB/T 3280—2015)的规定

橡胶物理机械性能试验应按《公路桥梁板式橡胶支座》(JT/T 4—2019)规定的方法进行。橡胶耐盐水性、耐油污性试验应按《硫化橡胶或热塑性橡胶　耐液体试验方法》(GB/T 1690—2010)规定的方法进行。当从橡胶密封带成品取样、制成标准试片、按规定方法进行试验时,测定拉伸强度和拉断伸长率,与表5.10数值相比,拉伸强度下降应不大于20% ,拉断伸长率下降应不大于35% 。

---

①欧洲,《机械振动:评估桥梁动力试验和调查的测量结果》(ISO 14963—2003)。

③尺寸偏差:应采用标定的钢直尺、游标卡尺、平整度仪、水准仪等测量,每2 m取其断面测试后,按平均值取用。

④焊接质量:焊接质量检验按《焊缝无损检测　射线检测　第1部分:X和伽玛射线的胶片技术》(GB/T 3323.1—2019)和《焊缝无损检测　超声检测　技术、检测等级和评定》(GB/T 11345—2013)规定的方法进行。

⑤表面处理:表面涂装质量检验按《公路桥梁钢结构防腐涂装技术条件》(JT/T 722—2008)规定的方法进行。

⑥装配:橡胶密封带夹待性能试验应按《公路桥梁板式橡胶支座》(JT/T 4—2019)附录E的要求进行。尺寸偏差应采用标定的钢直尺、游标卡尺、平整度仪、水准仪等测证,每2 m取其断面测试后,按平均值取用。

⑦总体性能:伸缩装置变形性能试验应按《公路桥梁板式橡胶支座》(JT/T 4—2019)附录B的要求进行;伸缩装置防水性能试验应按《公路桥梁板式橡胶支座》(JT/T 4—2019)附录C的要求进行;伸缩装置承载性能试验应按《公路桥梁板式橡胶支座》(JT/T 4—2019)附录D的要求进行。

(2)梳齿板式伸缩装置

①外观:外观采用目测方法和相应精度的量具逐件检测。

②材料:钢材性能试验要求如表5.11所示。

表5.11　钢材性能试验要求

钢材类别	试验要求
普通螺栓	符合《普通螺纹直径与螺距系列》(GB/T 193—2003)的规定
高强度螺栓	符合《钢结构用高强度大六角头螺栓》(GB/T 1228—2006)和《钢结构用高强度大六角头螺栓、大六角螺母、垫圈技术条件》(GB/T 1231—2006)的规定

橡胶物理机械性能试验应按《公路桥梁板式橡胶支座》(JT/T 4—2019)规定的方法进行。橡胶耐盐水性、耐油污性试验应按《硫化橡胶或热塑性橡胶　耐液体试验方法》(GB/T 1690—2010)规定的方法进行。从导水装置成品取样、制成标准试片、按规定方法进行试验,测定拉伸强度和拉断伸长率,与表5.11数值相比,拉伸强度下降应不大于20%,拉断伸长率下降应不大于35%。

③尺寸偏差:应采用标定的钢直尺、游标卡尺、平整度仪、水准仪等测量,每2 m取其断面测量后,按平均值取用。

④表面处理:表面涂装质量检验按《公路桥梁钢结构防腐涂装技术条件》(JT/T 722—2008)规定的方法进行。

⑤总体性能:伸缩装置变形性能试验应按《公路桥梁板式橡胶支座》(JT/T 4—2019)附录B的要求进行;伸缩装置防水性能试验应按《公路桥梁板式橡胶支座》(JT/T 4—

2019)附录 C 的要求进行;伸缩装置承载性能试验应按《公路桥梁板式橡胶支座》(JT/T 4—2019)附录 D 的要求进行。

(3)无缝式伸缩装置

①外观:采用目测方法和相应精度的量具逐件检测。

②材料:弹性伸缩体材料性能试验按《公路桥梁聚氨酯填充式伸缩装置》(JT/T 1039—2016)的规定进行。

③尺寸偏差:应采用标定的钢直尺、游标卡尺、平整度仪、水准仪等测量,每 2 m 取其断面测量后,按平均值取用。

④表面处理:表面涂装质量检验按《公路桥梁钢结构防腐涂装技术条件》(JT/T 722—2008)规定的方法进行。

⑤总体性能:伸缩装置变形性能试验应按《公路桥梁板式橡胶支座》(JT/T 4—2019)附录 B 的要求进行;伸缩装置防水性能试验应按《公路桥梁板式橡胶支座》(JT/T 4—2019)附录 C 的要求进行;伸缩装置承载性能试验应按《公路桥梁板式橡胶支座》(JT/T 4—2019)附录 D 的要求进行。

【注】国内规范中,对于模数式伸缩装置检测技术,外观采用目测方法,材料通过试验测定,尺寸偏差及其他采用测量工具进行测量。目前搜集到的国外标准对桥梁伸缩装置试验检测没有明确的规定。

5.3.9 混凝土试验

根据《混凝土检验评定标准》(GB/T 50107—2010)相关规定:

①混凝土工程所用的各种原材料,均应符合现行国家标准或行业标准的规定,并应在进场时对性能和质量进行检验。

②进行试配和质量检测时,混凝土的抗压强度应以边长为 150 mm 的立方体标准试件测定,且应取其保证率为 95%。试件应以同龄期者 3 个为一组,每组试件的抗压强度以 3 个试件测值的算术平均值(计算精确到 0.1 MPa)为测定值。当有 1 个测值与中间值的差值超过中间值的 15% 时,取中间值为测定值;当有 2 个测值与中间值的差值均超过 15% 时,该组试件无效。

③混凝土的抗压强度,应以标准方式成型的试件置于标准养护条件下(温度为 20 ℃±2 ℃,相对湿度不低于 95%)养护 28 d 所测得的抗压强度值进行评定。对采用蒸汽养护的混凝土,其测试抗压强度的试件应先随构件同条件蒸汽养护,再转入标准条件下养护,累计养护时间应为 28 d。

④施工前,应对所用的粗集料进行碱活性检验。在条件许可时,宜避免采用有碱活性反应的粗集料;必须采用时,应采取必要的抑制措施。

⑤粗集料的进场检验内容应包括外观、颗粒级配、针片状颗粒含量、含泥量、泥块含量、压碎值指标等,必要时还应对坚固性、有害物质含量、氯离子含量、碱活性及放射性等

指标进行检验。检验试验方法应符合《公路工程集料试验规程》(JTG E42—2005)的规定。

【引】根据欧洲标准①的规定,进行混凝土桥面裂缝桥接能力的测定,主要包括以下3个测量内容:

①裂缝桥接能力:指加筋混凝土板裂缝承受荷载的能力。

②裂缝宽度:应严格满足标称曲线(一个与时间有关的变量)。

③断裂荷载:指裂缝完全张裂,使得加筋板完全分开时的荷载。

根据欧洲标准②的规定,铁路隧道经常受到来自内部的震动,主要有列车和各个车厢间人走动所引起的震动。但在此处,只考虑列车与轨道所产生的外部震动。

(1)全面测试

全面测试旨在确定隧道系统在要求的规范范围内运行。此外,还对任何重大结构修改的效果进行了检查。这些测试应为完整的动态分析提供信息。

在这种情况下,根据规定,至少每隔20 m 设置一个测量段。每个测量段设置3个传感器,分别测量 x、y、z 方向的位移;每个传感器测量速度时程;每个频带的差值不超过40%(3 dB),3个方向总误差不超过11%。对所测值进行算术平均,获得每个方向的速度分量 v_x、v_y、v_z。

(2)有限测试

有限测试旨在监测特定特征,并定期进行。

在这种情况下,每个测点只需一个垂直于地面的传感器,至少测量3个时间段的速度,每个时间段信号应大于6 dB,3个时间段误差不应小于3 dB,否则需要重新测量,同时对整个时间段进行算术平均求平均速度。

对于测验轨道的测量频率,前5年测量时间间隔不应超过1年,5年之后时间间隔不应超过2年。

根据法国标准③的规定,提出了测定混凝土硬化区域硬度指数(I_s)的非破坏性试验方法,这里不讨论钟摆型硬度计。将试验混凝土表面进行分区,每个区域面积不少于400 cm²。撞击杆与试样表面垂直,每个区域进行27次测量,每两个测点间距至少3 cm。任何测量点应尽量远离试样边缘,距边缘最少3 cm。

根据欧洲标准④的规定,进行沥青层抗压实性的测定,其目的是确定防水系统抵抗沥青层压实破坏的能力,即防水系统抵抗沥青混凝土覆盖层压实而不损坏的能力。

---

①欧洲,《防水用柔性板 混凝土桥面和其他车辆可通行的混凝土表面的防水 裂缝桥接能力的测定》(BS EN 14224—2010)。

②欧洲,《机械振动和冲击 动态试验和调查桥梁和高架桥》(ISO 10815—2016)。

③法国,《混凝土:通过回弹法使用硬度计测量表面硬度》(P 18-417)。

④欧洲,《用于防水的柔性板 混凝土桥面和其他车辆可通行的混凝土表面的防水 沥青层抗压实性的测定》(BS EN 14692—2017)。

该试验包括将确定的沥青层压实在铺在基材的防水板上,可以采用两种方式进行:一是将沥青层直接铺在与基材黏结的板材上;二是在基材与板材之间、板材与沥青层之间设置脱黏界面。

试件压实后,恢复防水片,观察防水片的状态,是否有孔洞。根据观察结果,对回收的防水片进行防水密封性检查。

根据法国标准[①]的规定,描述和易性测量计对混凝土和砂浆流动时间的测量采用实验法。

1)搅拌和取样

(1)搅拌

对于 A 型和易性测量计,应用法国标准[①]中 2.3 节的规定。当没有遵守这些规定时(如在工地上进行混凝土取样),应该在试验报告上写明实际搅拌条件。对于 B 型和易性测量计,应用法国标准[①]中 2.3 节的规定。没有遵守这些规定时,应该在试验报告上写明实际搅拌条件。

(2)取样

对于 A 型和易性测量计,样品的体积为 30 L。

针对少量的搅拌砂浆(少于 80 L),完全倒空搅拌机,在坚硬、不吸收水分的平板上平摊拌好的砂浆。将搅拌砂浆样本分成 4 份。

针对大量的搅拌砂浆,法国标准[①]中 2.3 节有关混凝土取样段落的规定适用。对于 B 型和易性测量计,样品体积单位为 L。完全倒空搅拌机,在坚硬、不吸收水分的平板上平摊拌好的砂浆。将搅拌砂浆样本分成 4 份。

2)装满模子

(1)A 型和易性测量计

将样品铺倒在地面上;用平铲人工铲取一堆混凝土,平铲铲量为 3 ~ 4 kg;沿混凝土堆周围按顺序铲取混凝土;将每铲倒在模子内大格里,但不要成堆;用瓦刀均匀分布每铲砂浆(注意模子底部和可拆卸隔板形成的角度,以做好填充);完全装满模子后,通过标尺抹平表面。

(2)B 型和易性测量计

将样本铺倒在工作面上;通过瓦刀用砂浆样本将模子大格填满,填成大致相等的 4 层;在每层插 6 根振捣棒,振捣棒应和可拆卸隔板倾斜面平行;完全装满后,通过标尺抹平表面。

---

①法国,《混凝土　用和易性测量计测定混凝土和砂浆的流动时间》(NF P 18-452)。

3)测量

对于搅拌结束到在振动下流动开始之间的流动时间,B 型和易性测量计应为 2.5 min,A 型和易性测量计为 4 min。没有遵守这些规定时,应该在试验报告上写明实际流动时间。同时,提起可拆卸隔板(启动振捣器),启动计时器。停止计时器,此时混凝土水平达到了 A 型和易性测量计的上部水平标记线或 B 型和易性测量计的唯一水平标记线。

4)试验报告

试验报告应记录以下内容:搅拌机类型和槽容量、搅拌砂浆的体积、砂浆用水的温度、搅拌持续时间、从搅拌结束到振动下流动之间的流动时间、机器的校准日期、试验用混凝土或砂浆特点和试验结果。

【注】国内规范对质量检测着重于对骨料的物理化学性质、制备试样时的养护条件、制备完成试样的强度特征等进行检验,检验方法以国家标准和行业标准的规定为准。欧洲标准对混凝土桥面的裂缝桥接能力需进行全面测试及有限测试,对沥青层的物理力学表现也存在一定的要求,试验方法一般为试验法。在试验过程中,测定各个物理力学量并进行测试汇报,最终交由专业人员裁定。

5.4 桥梁检测频率

5.4.1 地基承载力试验

根据《建筑地基检测技术规范》(JGJ 340—2015)的规定:

①土(岩)地基载荷试验的检测数量应符合下列规定:

a. 单位工程检测数量为每 500 m^2,不应少于 1 点,且总点数不应少于 3 点。

b. 复杂场地或重要建筑地基应增加检测数量。

②地基土平板载荷试验的慢速维持荷载法的试验步骤应符合下列规定:

a. 每级荷载施加后应按第 10 min、20 min、30 min、45 min、60 min 测读承压板的沉降量,以后应每隔 30 min 测读一次。

b. 承压板沉降相对稳定标准:在连续 2 h 内,每小时的沉降量应小于 0.1 mm。

c. 承压板沉降速率达到相对稳定标准时,应再施加下一级荷载。

d. 卸载时,每级荷载维持 1 h,应按第 10 min、30 min、60 min 测读承压板沉降量;卸载至零后,应测读承压板残余沉降量,维持时间为 3 h,测读时间应为第 10 min、30 min、60 min、120 min、180 min。

③单位工程的土(岩)地基承载力特征值确定应符合下列规定:

a. 同一土层参加统计的试验点不应少于 3 点,当其极差不超过平均值的 30% 时,取其平均值作为该土层的地基承载力特征值 f_{ak}。

b. 当极差超过平均值的 30% 时,应分析原因,结合工程实际判别,可增加试验点数量。

④复合地基载荷试验的检测数量应符合下列规定:

a. 单位工程检测数量不应少于总桩数的 0.5%,且不应少于 3 点。

b. 单位工程复合地基载荷试验可根据所采用的处理方法及地基土层情况,选择多桩复合地基载荷试验或单桩复合地基载荷试验。

⑤单位工程的复合地基承载力特征值确定时,试验点的数量不应少于 3 点;当其极差不超过平均值的 30% 时,可取其平均值为复合地基承载力特征值。

⑥竖向增强体载荷试验的单位工程检测数量不应少于总桩数的 0.5%,且不得少于 3 根。

⑦单位工程的增强体承载力特征值确定时,试验点的数量不应少于 3 点;当满足其极差不超过平均值的 30% 时,对非条形及非独立基础可取其平均值作为竖向极限承载力。

⑧采用标准贯入试验对处理地基土质量进行验收检测时,单位工程检测数量不应少于 10 点;当面积超过 3 000 m^2,应每 500 m^2 增加 1 点。检测同一土层的试验有效数据不应少于 6 个。

⑨各分层土的标准贯入锤击数代表值应取每个检测孔不同深度的标准贯入试验锤击数的平均值。同一土层参加统计的试验点不应少于 3 点。当其极差不超过平均值的 30% 时,应取其平均值作为代表值;当极差超过平均值的 30% 时,应分析原因,结合工程实际判别,可增加试验点数量。

⑩采用圆锥动力触探试验对处理地基土质量进行验收检测时,单位工程检测数量不应少于 10 点;当面积超过 3 000 m^2,应每 50 0m^2 增加 1 点。检测同一土层的试验有效数据不应少于 6 个。

⑪应及时记录试验段深度和锤击数。对于轻型动力触探,应记录每贯入 30 cm 的锤击数;对于重型或超重型动力触探,应记录每贯入 10 cm 的锤击数。

⑫对处理地基土质量进行验收检测时,单位工程检测数量不应少于 10 点,检测同一土层的试验有效数据不应少于 6 个。

⑬对处理地基土质量进行验收检测时,单位工程检测数量不应少于 10 点,检测同一土层的试验有效数据不应少于 6 个。

【引】根据法国标准①的规定,夯锤质量的数值和夯锤的打击次数(N_{d10})(根据深度来表示其打击次数)将以表格的形式给出。

【注】国内规范中,对地基承载力检测的频率要求较多,不同情况下场地测点数目规定明确。国外标准中,对检测频率的规定较少,且没有明确规定,要求根据现场条件确定

---

①法国,《地质工学　土壤:勘测和试验 A 类动力触探试验》(NF P 94-114)。

检测频率。

国内规范针对不同的检测技术方法分别规定了明确的测点布置、检测步骤和结果要求等。法国标准规定,通过钎探等方式确定相关的频率。

总体而言,国内规范规定较详细,每种检测方法配备具体的频率要求,而国外标准在这方面的规定较少。

5.4.2 基桩成孔质量检测

根据《公路工程质量检验评定标准 第一册 土建工程》(JTG F80/1—2017)的规定,评定水泥混凝土的抗压强度,应以标准养生 28 d 龄期的试件在标准试验条件下测得的极限强度为准,试件应为边长为 150 mm 的立方体,大体积混凝土标准养生龄期设计另有要求的应从其要求。每组试件 3 个。制取组数应符合下列规定:每根钻孔桩至少应制取 2 组;桩长 20 m 以上者,不少于 3 组;桩径大、浇筑时间很长时,不少于 4 组。如换工作班时,每工作班应制取 2 组。

【注】国内规范对桩基成孔质量进行了较明确的规定,说明了制取试件的组数,并对施工中可能遇到的问题进行了专项说明,贴合工程实际。未找到国外标准关于基桩成孔质量检测频率方面的内容。

5.4.3 桩身完整性检测

根据《建筑基桩检测技术规范》(JGJ 106—2014):

①截取混凝土抗压芯样试件应符合下列规定:

a. 当桩长小于 10 m 时,每孔应截取 2 组芯样;当桩长为 10 ~ 30 m 时,每孔应截取 3 组芯样;当桩长大于 30 m 时,每孔应截取芯样不少于 4 组。

b. 上部芯样位置距桩顶设计标高不宜大于一倍桩径或超过 2 m,下部芯样位置距桩底不宜大于一倍桩径或超过 2 m,中间芯样宜等间距截取。

c. 缺陷位置取样时,应截取一组芯样进行混凝土抗压试验。

d. 同一基桩的钻芯孔数大于一个,且某一孔在某深度存在缺陷时,应在其他孔的该深度处截取一组芯样进行混凝土抗压强度试验。

②采样时间间隔或采样频率应根据桩长、桩身波速和频域分辨率合理选择,时域信号采样点数不宜少于 1 024 点。

③声测管应沿钢筋笼内侧呈对称形状布置,并依次编号(图 5.1)。

声测管埋设数量应符合下列规定:

a. 桩径小于或等于 800 mm 时,不得少于 2 根声测管;

b. 桩径大于 800 mm 且小于或等于 1 600 mm 时,不得少于 3 根声测管;

c. 桩径大于 1 600 mm 时,不得少于 4 根声测管;

④桩径大于 2 500 mm 时,宜增加预埋声测管数量。

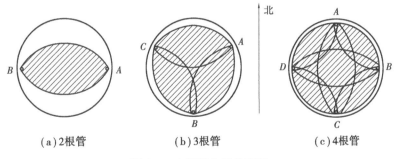

(a)2根管　　　　　　(b)3根管　　　　　　(c)4根管

图5.1 声测管布置示意图

【注】国内规范对桩身完整性检测进行了详细的规定,根据不同的检测方法分别规定了相应的测点安装位置和检测频率。未找到国外标准关于桩身完整性检测频率要求的内容。

5.4.4 基桩承载力检测

根据《建筑基桩检测技术规范》(JGJ 106—2014)的规定:

①为设计提供依据的单桩竖向抗压静载试验应采用慢速维持荷载法。

②工程桩验收检测宜采用慢速维持荷载法。当有成熟的地区经验时,也可采用快速维持荷载法。

③快速维持荷载法的每级荷载维持时间不应少于1 h,且当本级荷载作用下的桩顶沉降速率收敛时,可施加下一级荷载。

【注】国内规范对基桩承载力检测的规定为概括性内容,具体的数值较少,同时介绍了不同地段采用的检测方法和步骤。未找到国外标准针对基桩承载力检测频率的规定。

5.4.5 钢材检测

根据《公路桥涵施工技术规范》(JTG/T 3650—2020)的规定,钢筋分批检验时,可由同一牌号、同一炉罐号、同一尺寸的钢筋进行组批,每批的质量应不大于60 t;超过60 t的部分,每增加40 t(或不足40 t的余数)应增加一个拉伸和一个弯曲试验试样;钢筋的进场检验也可由同一牌号、同一冶炼方法、同一浇注方法的不同炉罐号组成混合批进行,但各炉罐号的含碳量之差应不大于0.02%,含锰量之差应不大于0.15%。

【注】国内规范检测频率:分批检验时,可由同一牌号、同一炉罐号、同一尺寸的钢筋进行组批;钢的进场检验也可由同一牌号、同一冶炼方法、同一浇注方法的不同炉罐号组成混合批进行。国外标准对钢材的检测没有明确的规定。

5.4.6 预应力筋用锚具、夹具、连接器试验检测

根据《公路桥涵施工技术规范》(JTG/T 3650—2020)的规定,预应力筋用锚具、夹具和连接器进场时,应核对其型号、规格和数量及适用的预应力筋品种、规格和强度等级,

且生产商应提供产品质保书、产品技术手册、锚固区传力性能型式检验报告,以及夹片式锚具的锚口摩阻损失测试报告或参数。产品按合同核对无误后,应按下列规定进行进场检验:

①外观检验:应从每批产品中抽取 2% 且不少于 10 套样品,检验表面裂纹及锈蚀情况。表面不得有裂纹及锈蚀。当有 1 个零件不符合要求时,本批全部产品应逐件检验,符合要求者判定该零件外观合格。对于配套使用的锚垫板和螺旋筋,可按前述方法进行外观检验,但允许表面有轻度锈蚀。

②尺寸检验:应从批产品抽取 2% 且不少于 10 套样品,检验其外形尺寸。外形尺寸应符合产品质保书所示的尺寸范围。当有 1 个零件不符合规定时,应另取双倍数量的零件重新检验;如仍有 1 个零件不符合要求,则本批全部产品应逐件检验,符合要求者判定该零件尺寸合格。

③硬度检验:应从每批产品中抽取 3% 且不少于 5 套样品(对于多孔夹片式锚具的夹片,每套抽取 6 片),对其中有硬度要求的零件进行硬度检验,每个零件测试 3 点。其硬度应符合产品质保书的规定。当有 1 个零件不合格时,应另取双倍数量的零件重做检验;如仍有 1 个零件不合格,则应对本批产品逐个检验,合格者方可使用或进入后续检验。

④静载锚周性能试验:应在外观检验和硬度检验均合格的同批产品中抽取样品,与相应规格和强度等级的预应力筋组成 3 个预应力筋-锚具组装件,进行静载锚固性能试验。如有 1 个试件不符合要求,则应另取双倍数量的样品重做试验;如仍有 1 个试件不符合要求,则该批锚具为不合格。静载锚固性能试验方法应符合《预应力筋用锚具、夹具和连接器》(GB/T 14370—2007)的规定。

⑤对于特大桥、大桥和重要桥梁工程中使用的锚具产品,应进行前述 4 项检查和检验;对于锚具用量较少的一般中、小桥梁工程,如生产厂能提供有效的静载锚固性能试验合格的证明文件,则可仅进行外观检验和硬度检验。

⑥进场检验时,同种材料、同一生产工艺条件下、同批进场的产品可视为同一验收批。锚具的每个验收批件不超过 2 000 套;夹具、连接器的每个验收批宜不超过 500 套;获得第三方独立认证的产品,其验收批可扩大 1 倍。检验合格的产品,在现场的存放期超过 1 年,再用时应进行外观检验。

【引】根据法国标准①的规定,对于后张法预应力结构,其钢筋两端暴露在混凝土外。

使用的预应力系统必须获得欧洲技术批准(或 ETA),并可选择使用外部预应力。除非市场另有说明,否则预应力筋应由保护套保护,从而免受侵蚀。

这个要求有不同的目的:为预应力钢筋提供更有效和更持久的保护,以消除意外断裂时单根钢筋的风险。就其本身而言,通过实施适当的保护系统。

【注】国内规范中,首先产品按合同核对无误后,应按下列规定进行外观检验、尺寸检

---

①法国,《通用技术条款手册(C.C.T.G) 第 65 分册:执行土木工程的具体方法》。

验、硬度检验:当有1个零件不合格时,应另取双倍数量的零件重做检验;如仍有1个零件不合格,则应对本批产品逐个检验,合格者方可使用或进入后续检验。应在外观检验和硬度检验均合格的同批产品中抽取样品,与相应规格和强度等级的预应力筋组成3个预应力筋-锚具组装件,进行静载锚固性能试验。如有1个试件不符合要求,则应另取双倍数量的样品重做试验;如仍有1个试件不符合要求,则该批锚具为不合格。

根据法国标准,使用的预应力系统必须获得欧洲技术批准(或ETA),并可选择使用外部预应力。除非市场另有说明,否则预应力钢筋应由1个保护套保护。

5.4.7 桥梁支座试验检测

根据《公路桥梁板式橡胶支座》(JT/T 4—2019)、《公路桥梁盆式支座》(JT/T 391—2019)、《桥梁球型支座》(GB/T 17955—2009)的规定,桥梁支座试验检测频率如下:

①抽样。

②型式检验应从该批正常生产产品中随机抽取2个样品单元。

③出厂检验应根据该批生产数量随机抽取2~3个样品单元。

【注】国内规范采用抽样法,型式检验应从该批正常生产产品中随机抽取2个样品单元;出厂检验应根据该批生产数量随机抽取2~3个样品单元。国外标准对桥梁支座试验检测没有明确的规定。

5.4.8 桥梁伸缩装置试验检测

根据《公路桥梁伸装置通用技术条件》(JT/T 327—2016)的规定,不同类型伸缩缝,试验检测频率不同。

①模数式伸缩装置:外观:100%;材料:100%;尺寸偏差:100%;焊接质量:100%;表面处理:100%;装配:100%;总体性能:每批不少于2件。

②梳齿板式伸缩装置:外观:100%;材料:100%;尺寸偏差:100%;表面处理:100%;装配:100%;总体性能:每批不少于2件。

③无缝式伸缩装置:外观:100%;材料:100%;尺寸偏差:100%;表面处理:100%;总体性能:每批不少于2件。

【注】国内规范中,对伸缩装置外观、材料、尺寸偏差、焊接质量、表面处理、装配均需全部检测,总体性能检测每批不少于2件。国外标准对桥梁伸缩装置试验检测没有明确的规定。

5.4.9 混凝土试验

根据国内相关规范的规定:

①混凝土强度设计值应符合表5.12的规定。

表5.12　混凝土强度设计值 单位:MPa

项目	C40	C35	C30	C25	C20	C15
轴心抗压	15.64	13.69	11.73	9.78	7.82	5.87
弯曲抗拉	1.24	1.14	1.04	0.92	0.80	0.66
直接抗剪	2.48	2.28	2.09	1.85	1.59	1.32

②混凝土预制块砂浆砌体轴心抗压强度设计值应符合表5.13的规定。

表5.13　混凝土预制块砂浆砌体轴心抗压强度设计值 单位:MPa

砌块强度等级	砂浆强度等级					砂浆强度
	M20	M15	M10	M7.5	M5	
C40	8.25	7.04	5.84	5.24	4.64	2.06
C35	7.71	6.59	5.47	4.90	4.34	1.93
C30	7.14	6.10	5.06	4.54	4.02	1.79
C25	6.52	5.57	4.62	4.14	3.67	1.63
C20	5.83	4.98	4.13	3.70	3.28	1.46
C15	5.05	4.31	3.58	3.21	2.84	1.26

③混凝土受压弹性模量应按表5.14的规定采用。混凝土和砌体的剪变模量分别取其受压弹性模量的40%。

表5.14　混凝土受压弹性模量

混凝土强度等级	C40	C35	C30	C25	C20	C15
弹性模量/MPa	3.25×10^4	6.15×10^4	3.00×10^4	2.80×10^4	2.55×10^4	2.20×10^4

④小石子混凝土砌块石、片石砌体的轴心抗拉、弯曲抗拉和直接抗剪强度设计值应符合表5.15的规定。

表5.15　小石子混凝土砌块石、片石砌体轴心抗拉、弯曲抗拉和直接抗剪强度设计值 单位:MPa

强度类别	破坏特征	砌体种类	小石子混凝土强度等级					
			C40	C35	C30	C25	C20	C15
轴心抗拉f_{td}	齿缝	块石砌体	0.285	0.267	0.247	0.226	0.202	0.175
		片石砌体	0.425	0.398	0.368	0.336	0.301	0.260
弯曲抗拉f_{tmd}	齿缝	块石砌体	0.335	0.313	0.290	0.265	0.237	0.205
		片石砌体	0.493	0.461	0.427	0.387	0.349	0.300
	通缝	块石砌体	0.232	0.217	0.201	0.183	0.164	0.142

强度类别	破坏特征	砌体种类	小石子混凝土强度等级					
			C40	C35	C30	C25	C20	C15
直接剪切 f_{vd}	—	块石砌体	0.285	0.267	0.247	0.226	0.202	0.175
		片石砌体	0.425	0.398	0.368	0.336	0.301	0.260

注:其他规则砌块砌体强度值为表内块石砌体强度值乘以下列系数:粗料石砌体取0.7,细料石、半细料石砌体取0.35。

⑤各类砌体受压弹性模量符合表5.16的规定。

表5.16 砌体受压弹性模量　　　　　　　　　　单位:MPa

砌体种类	砂浆强度等级				
	M20	M15	M10	M7.5	M5
混凝土预制块砌体	$1.7f_{cd}$	$1.7f_{cd}$	$1.7f_{cd}$	$1.6f_{cd}$	$1.5f_{cd}$
粗料石、块石及片石砌体	7.3	7.3	7.3	5.65	4.0
细料石、半细料石砌体	2.2	2.2	2.2	2.2	2.2
小石子混凝土砌体	$2.1f_{cd}$				

注:f_{cd} 为砌轴心体抗压强度设计值。

⑥混凝土和砌体的线膨胀系数应符合表5.17的规定。

表5.17 混凝土和砌体的线膨胀系数

砌体种类	线膨胀系数/$(10^{-6} \cdot {}^{\circ}\!C^{-1})$
混凝土	10
混凝土预制块砌体	9
细料石、半细料石、粗料石、块石、片石砌体	8

⑦小石子混凝土砌块石砌体轴心抗压强度 f_{cd} 设计值应符合表5.18的规定。

表5.18 小石子混凝土砌块石砌体轴心抗压强度 f_{cd} 设计值　　　单位:MPa

石材强度等级	小石子混凝土强度等级					
	C40	C35	C30	C25	C20	C15
MU120	13.86	12.69	11.49	10.25	8.95	7.59
MU100	12.65	11.59	10.49	9.35	8.17	6.93
MU80	11.32	10.36	9.38	8.37	7.31	6.19
MU60	9.80	9.98	8.12	7.24	6.33	5.36

续表

石材强度等级	小石子混凝土强度等级					
	C40	C35	C30	C25	C20	C15
MU50	8.95	8.19	7.42	6.61	5.78	4.90
MU40	—	—	6.63	5.92	5.17	4.38
MU30	—	—	—		4.48	3.79

注:砌块为粗料石时,轴心抗压强度为表值乘以1.2;砌块为细料石、半细料石时,轴心抗压强度为表值乘以1.4。

【引】根据法国标准①的规定,进行混凝土桥面裂缝承载能力的测定。

(1)测试期间的观察

试验时,应定期观察试样。对于解释或评估裂缝桥接能力可能具有重要意义的每个事件都应予以记录。这些事件可能是底部的裂纹、脱黏、分层、撕裂、波纹、裂纹区厚度的减少等,可以用录像、照片、素描或其他方法记录下来。

如果在达到 10 000 次试验循环之前,加固沥青片已完全破损,则可记录试验循环次数。

(2)试验后观察:密性试验

当裂纹宽度变化周期结束后,试样应在最大裂纹宽度 w_{max} 处恢复到环境温度。

应将直径不小于 100 mm、高度不小于 150 mm 的金属或玻璃圆筒集中于基底试样裂缝上方的增强沥青板(无沥青层测试时)或沥青层(有沥青层测试时)。表面和钢瓶之间的间隙应采用合适的密封胶密封。采用沥青层进行试验时,试件的沥青表面切口的前后缝隙及沥青表面切口,也应采用合适的密封胶进行密封。

将水倒入钢瓶(用沥青层进行测试时,将水倒入整个沥青切口)至高出加固沥青片约 100 mm 的高度,并彻底检查测试试样的末端和钢瓶周围是否充分密封。

将经过水分指示器处理的滤纸放在试样下方、裂纹区域下方。水评价介质应是白糖(糖霜)(99.5%)和亚甲基蓝染料(0.5%)的混合物,筛过超过 0.074 mm 的筛网,用氯化钙在干燥器中干燥。

(24±0.5) h 后取出纸张,目测纸张是否着色。

根据法国标准②的规定,进行混凝土桥面裂缝桥接能力的测定。

①裂缝桥接能力:指加筋沥青板承受基底试样裂缝移动而不退化的能力。

②裂纹宽度:通过在试验过程中监测基础试样的移动,测量基础试样裂纹两侧之间

---

①法国,《防水用柔性板　混凝土桥面和其他车辆可通行的混凝土表面的防水　裂缝桥接能力的测定》(BS EN 14224—2010)。
②法国,《防水用柔性板　混凝土桥面和其他车辆可通行的混凝土表面的防水　裂缝桥接能力的测定》(BS EN 14224—2010)。

的距离。

③标称曲线:作为时间函数的变化输入。在试验过程中,基础试样的裂纹宽度应遵循该时间。

④完全破碎:将基层试样裂缝上方的加筋沥青板断开,分成两个完全分离的部分。

【引】根据欧洲标准①的规定,铁路隧道经常受到来自内部源(列车和服务车厢、维护工作等)的振动。此处,仅考虑列车通过引起的振动。

(1)全面测试

全面测试旨在确定隧道系统在要求的规范范围内运行。此外,还对任何重大结构修改的效果进行了检查。这些测试应为完整的动态分析提供信息。

(2)有限测试

有限测试旨在监测特定特征,并定期进行。

根据法国标准②的规定,旨在规定测定混凝土硬度指数的非破坏性试验方法。这里不讨论钟摆型硬度计。此标准补充了对试验结构的解释内容。

(1)通过用金属加固的氯丁橡胶块进行校准

必须定期审核硬度指数结果是否出现偏差(通过对硬度计进行50系列的测量,每个系列的测量次数为27次),通常每月至少校准一次。

(2)通过混凝土试样进行校准

混凝土试样校准至少应每两年进行一次,或者通过自动控制来完成,或者在国家试验网(R.N.E)授权的试验室里进行试验。

【注】国内规范对混凝土试验的判定标准主要集中于物理力学特性的检测,包括混凝土整体的力学特性与混凝土组成原料的力学特性。国外标准则从测试期、试验后等不同阶段进行外观观测,同时对全面测试和有限测试也有明确规定,对力学性质的测试则主要集中于硬度检测。

5.5　桥梁检测判定标准

5.5.1　地基承载力试验

根据《公路桥涵地基与基础设计规范》(JTG 3363—2019)的规定:

①修正后的地基承载力特征值f_a可按式(5.1)确定。当基础位于水中不透水地层上时,f_a可按平均常水位至一般冲刷线的水深以10 kPa/m增大。

---

①欧洲,《机械振动和冲击 动态试验和调查桥梁和高架桥》(ISO 10815—2016)。
②法国,《混凝土 通过回弹波法使用硬度计测量表面硬度》(P 18-417)。

$$f_a = f_{a0} + k_1 \gamma_1 (b-2) + k_2 \gamma_2 (h-3) \qquad (5.1)$$

式中 f_a——修正后的地基承载力特征值(kPa)。

b——基础底面的最小边宽(m),当 $b<2$ m 时,取 $b=2$ m;当 $b>10$ m 时,取 $b=10$ m。

h——基底埋置深度(m),当 $h<3$ m 时,取 $h=3$ m;当 $h/b>4$ 时,取 $h=4b$。

k_1、k_2——基底宽度、深度修正系数。

γ_1——基底持力层土的天然重度(kN/m³)。若持力层在水面以下且未透水的,应取浮重度。

γ_2——基底以上土层的加权平均重度(kN/m³),换算时若持力层在水面以下,且不透水时,不论基底以上土的透水性质如何,均取饱和重度;当透水时,水中部分土层取浮重度。

②软土地基承载力应按下列规定确定:

a. 软土地基承载力特征值 f_{a0} 应由载荷试验或其他原位测试取得。载荷试验和原位测试确有困难时,对中小桥、涵洞基底未经处理的软土地基修正后的地基承载力特征值 f_a 可采用以下两种方法确定:

• 根据原状土天然含水率 ω,按表 5.19 确定软土地基承载力特征值 f_{a0},然后按式(5.2)计算修正后的地基承载力特征值 f_a:

$$f_a = f_{a0} + \gamma_2 h \qquad (5.2)$$

表 5.19 软土地基承载力特征值 f_{a0}

天然含水率 ω/%	36	40	45	50	55	65	75
f_{a0}/kPa	100	90	80	70	60	50	40

• 根据原状土强度指标确定软土地基修正后的地基承载力特征值 f_a:

$$f_a = \frac{5.14}{m} k_p C_u + \gamma_2 h \qquad (5.3)$$

$$k_p = \left(1 + 0.2 \frac{b}{l}\right) + \left(1 - \frac{0.4H}{blC_u}\right) \qquad (5.4)$$

式中 m——抗力修正系数,可视软土灵敏度及基础长宽比等因素选用 1.5~2.5;

C_u——地基土不排水抗剪强度标准值(kPa);

k_p——系数;

H——由作用(标准值)引起的水平力(kN);

b——基础宽度(m),有偏心作用时,取 $b-2e_b$;

l——垂直于 b 边的基础长度(m),有偏心作用时,取 $l-2e_l$;

e_b、e_l——偏心作用在宽度和长度方向的偏心距。

b. 经排水固结方法处理的软土地基,其承载力特征值 f_{a0} 应通过载荷试验或其他原位测试方法确定;经复合地基方法处理的软土地基,其承载力特征值应通过载荷试验确定;然后按式(5.2)计算修正后的软土地基地基承载力特征值 f_a。

c.土(岩)地基极限荷载可按下列方法确定：

• 当浅层载荷试验承压板周边的土出现明显侧向挤出，周边土体出现明显隆起；岩基载荷试验的荷载无法保持稳定且逐渐下降。

• 本级荷载的沉降量大于前级荷载沉降量的 5 倍，荷载与沉降曲线出现明显陡降。

• 在某一级荷载下，24 h 内沉降速率不能达到相对稳定标准。

• 浅层平板载荷试验的累计沉降量已大于或等于承压板边宽或直径的 6% 或累计沉降量大于或等于 150 mm；深层平板荷试验的累计沉降量与承压板径之比大于或等于 0.04。

• 加载至要求的最大试验荷载且承压板沉降达到相对稳定标准。

③单个试验点的土(岩)地基承载力特征值确定应符合下列规定：

• 当 p-s 曲线上有比例界限时，应取该比例界限所对应的荷载值。

• 对于地基土平板载荷试验，当极限荷载小于对应比例界限荷载值的 2 倍时，应取极限荷载值的 1/2；对于岩基载荷试验，当极限荷载小于对应比例界限荷载值的 3 倍时，应取极限荷载值的 1/3。

• 当满足本规范第 5 款情况，且 p-s 曲线上无法确定比例界限，承载力又未达到极限时，地基土平板载荷试验应取最大试验荷载的 1/2 所对应的荷载值，岩基载荷试验应取最大试验荷载的 1/3 所对应的荷载值。

• 当按相对变形值确定天然地基及人工地基承载力特征值时，可按表 5.20 规定的地基变形取值确定，且所取的承载力特征值不应大于最大试验荷载的 1/2。当地基土性质不确定时，对应变形值宜取 0.010b；对于有经验的地区，可按当地经验确定对应变形值。

表 5.20 按相对变形值确定天然地基及人工地基承载力特征值

地基类型	地基土性质	特征值对应的变形值 s_0
天然地基	高压缩性土	0.015b
	中压缩性土	0.012b
	低压缩性土和砂性土	0.010b
人工地基	中、低压缩性土	0.010b

注：s_0 为与承载力特征值对应的承压板的沉降量；b 为承压板的边宽或直径，当 $b>2$ m 时，按 2 m 计算。

④复合地基承载力特征值确定应符合下列规定：

a.当 p-s 曲线上极限荷载能确定，且其值大于或等于对应比例界限的 2 倍时，可取比例界限；当其值小于对应比例界限的 2 倍时，可取极限荷载的 1/2。

b.当 p-s 曲线为平缓的光滑曲线时，可按表 5.21 对应的相对变形值确定，且所取的承载力特征值不应大于最大试验荷载的 1/2。对于有经验的地区，可按当地经验确定相对变形值，但原地基土为高压缩性土层时相对变形值的最大值不应大于 0.015。对于变形控制严格的工程，可按设计要求的沉降允许值作为相对变形值。

表5.21 按相对变形值确定复合地基承载力特征值

地基类型	应力主要影响范围地基土性质	承载力特征值对应的变形值 s_0
沉管挤密砂石桩、振冲挤密碎石桩、柱锤冲扩桩、强夯置换墩	以黏性土、粉土、砂土为主的地基	$0.010b$
灰土挤密桩	以黏性土、粉土、砂土为主的地基	$0.008b$
水泥粉煤灰碎石桩、混凝土桩、夯实水泥土桩、树根桩	以黏性土、粉土为主的地基	$0.010b$
	以卵石、圆砾、密实粗中砂为主的地基	$0.008b$
水泥搅拌桩、旋喷桩	以淤泥和淤泥质土为主的地基	$0.008b \sim 0.010b$
	以黏性土、粉土为主的地基	$0.006b \sim 0.008b$

注: s_0 为与承载力特征值对应的承压板的沉降量; b 为承压板的边宽或直径,当 $b>2$ m 时,按 2 m 计算。

⑤竖向增强体极限承载力应按下列方法确定:

a. $Q\text{-}s$ 曲线陡降段明显时,取相应于陡降段起点的荷载值。

b. 当出现本规范第 2 款的情况时,取前一级荷载值。

c. $Q\text{-}s$ 曲线呈缓变型时,水泥土桩、桩径大于或等于 800 mm 时,取桩顶总沉降量 $s=40\sim50$ mm 所对应的荷载值;混凝土桩、桩径小于 800 mm 时,取桩顶总沉降量 $s=40$ mm 所对应的荷载值。

d. 当判定竖向增强体的承载力未达到极限时,取最大试验荷载值。

e. 按本条 1~4 款标准判断有困难时,可结合其他辅助分析方法综合判定。

f. 竖向增强体承载力特征值应按极限承载力的 1/2 取值。

⑥标准贯入试验应符合下列规定:

a. 贯入器垂直打入试验土层中 15 cm,应不计击数。

b. 继续贯入,应记录每贯入 10 cm 的锤击数,累计 30 cm 的锤击数即为标准贯入击数。

c. 锤击速率应小于 30 击/min。

d. 当锤击数已达 50 击而贯入深度未达到 30 cm 时,宜终止试验,记录 50 击的实际贯入深度。应按下式换算成相当于贯入 30 cm 的标准贯入试验实测锤击数:

$$N=30\times\frac{50}{\Delta S} \tag{5.5}$$

式中 N——标准贯入击数;

ΔS——击时的贯入度(cm)。

e. 贯入器拔出后,应对贯入器中的土样进行鉴别、描述、记录;需测定黏粒时,留取土样进行试验分析。

f. 天然地基的标准贯入试验成果应绘制标有工程地质柱状图的单孔标准贯入击数与

深度关系曲线图。

g.人工地基的标准贯入试验结果应提供每个检测孔的标准贯入试验实测锤击数和修正锤击数。

h.进行钻杆长度修正时,锤击数可按下式进行钻杆长度修正:

$$N' = \alpha N \tag{5.6}$$

式中 N'——标准贯入试验修正锤击数;

N——标准贯入试验实测锤击数;

α——触探杆长度修正系数,可按表5.22确定。

表5.22 标准贯入试验触探杆长度修正系数

触探杆长度/m	≤3	6	9	12	15	18	21	25	30
α	1.00	0.92	0.86	0.81	0.77	0.73	0.70	0.68	0.65

⑦砂土、粉土、黏性土等岩土性状可根据标准贯入试验实测锤击数平均值或标准值和修正后锤击数标准值,按下列规定进行评价:

a.砂土的密实度可按表5.23分为松散、稍密、中密、密实。

表5.23 砂土的密实度分类

$\overline{N}$(实测平均值)	密实度
$\overline{N} \leq 10$	松散
$10 < \overline{N} \leq 15$	稍密
$15 < \overline{N} \leq 30$	中密
$\overline{N} > 30$	密实

b.粉土的密实度可按表5.24分为松散、稍密、中密、密实。

表5.24 粉土的密实度分类

孔隙比 e	N_k(实测标准值)	密实度
—	$N_k \leq 5$	松散
$e > 0.9$	$5 < N_k \leq 10$	稍密
$0.75 \leq e \leq 0.9$	$10 < N_k \leq 15$	中密
$e < 0.75$	$N_k > 15$	密实

c.黏性土的状态可按表5.25分为软塑、软可塑、硬可塑、硬塑、坚硬。

表5.25 黏性土的状态分类

I_L	N'_k(修正后标准值)	状态
$0.75 < I_L \leq 1$	$2 < N'_k \leq 4$	软塑

续表

I_L	N'_k(修正后标准值)	状态
$0.5 < I_L \leq 0.75$	$4 < N'_k \leq 8$	软可塑
$0.25 < I_L \leq 0.5$	$8 < N'_k \leq 14$	硬可塑
$0 < I_L \leq 0.25$	$14 < N'_k \leq 25$	硬塑
$I_L \leq 0$	$N'_k > 25$	坚硬

⑧初步判定地基土承载力特征值时,可按表5.26至表5.28进行估算。

表5.26 砂土承载力特征值f_{ak}

N'	10	20	30	50
中砂、粗砂/kPa	180	250	340	500
粉砂、细砂/kPa	140	180	250	340

表5.27 粉土承载力特征值f_{ak}

N'	3	4	5	6	7	8	9	10	11	12	13	14	15
f_{ak}/kPa	105	125	145	165	185	205	225	245	265	285	305	325	345

表5.28 黏性土承载力特征值f_{ak}

N'	3	5	7	9	11	13	15	17	19	21
f_{ak}/kPa	90	110	150	180	220	260	310	360	410	450

⑨地基处理效果可依据比对试验结果、地区经验、检测孔的标准贯入试验锤击数、同一土层的标准贯入试验锤击数标准值、变异系数等对地基作出下列相应的评价:

a. 非碎石土换填垫层(粉质黏土、灰土、粉煤灰和砂垫层)的施工质量(密实度、均匀性)。

b. 压实、挤密地基、强夯地基、注浆地基等的均匀性;有条件时,可结合处理前的相关数据评价地基处理有效深度。

c. 消除液化的地基处理效果,应按设计要求或《建筑抗震设计规范》(GB 50011—2010,2016年版)的规定进行评价。

⑩对于轻型动力触探,当贯入30 cm锤击数大于100击或贯入15 cm锤击数超过50击时,可停止试验。对于重型动力触探,当连续3次锤击数大于50击时,可停止试验或改用钻探、超重型动力触探;当遇有硬夹层时,宜穿过硬夹层后继续试验。

⑪单孔连续圆锥动力触探试验应绘制锤击数与贯入深度关系曲线。

⑫地基土的岩土性状、地基处理的施工效果可根据单位工程各检测孔的圆锥动力触

探锤击数、同一土层的圆锥动力触探锤击数统计值、变异系数进行评价。地基处理的施工效果还宜根据处理前后的检测结果进行对比评价。

⑬初步判定地基土承载力特征值时,可根据平均击数 N_{10} 或修正后的平均击数 $N_{63.5}$ 按表 5.29、表 5.30 进行估算。

表 5.29　轻型动力触探试验推定地基承载力特征值 f_{ak}　单位:kPa

N_{10}(击数)	5	10	15	20	25	30	35	40	45	50
一般黏性土地基	50	70	90	115	135	160	180	200	220	240
黏性素填土地基	60	80	95	110	120	130	140	150	160	170
粉土、粉细砂土地基	55	70	80	90	100	100	125	140	150	160

表 5.30　重型动力触探试验推定地基承载力特征值 f_{ak}　单位:kPa

$N_{63.5}$(击数)	2	3	4	5	6	7	8	9	10	11	12	13	14	15	16
一般黏性土	120	150	180	210	240	265	290	320	350	375	400	425	450	475	500
中砂、粗砂土	80	120	160	200	240	280	320	360	400	440	480	520	560	600	640
粉砂、细砂土	—	75	100	125	150	175	200	225	250	—	—	—	—	—	—

⑭单桥探头的比贯入阻力及双桥探头的锥尖阻力、侧壁摩阻力及摩阻比,应分别按下式计算:

$$p_s = K_p \times (\varepsilon_p - \varepsilon_0) \tag{5.7}$$

$$q_s = K_q \times (\varepsilon_q - \varepsilon_0) \tag{5.8}$$

$$f_s = K_f \times (\varepsilon_f - \varepsilon_0) \tag{5.9}$$

$$\alpha = \frac{f_s}{q_c} \times 100\% \tag{5.10}$$

式中　p_s——单桥探头的比贯入阻力(kPa);

q_c——双桥探头的锥尖阻力(kPa);

f_s——双桥探头的侧壁摩阻力(kPa);

α——摩阻比(%);

K_p——单桥探头率定系数(kPa/$\mu\varepsilon$);

K_q——双桥探头的锥尖阻力率定系数(kPa/$\mu\varepsilon$);

K_f——双桥探头的侧壁摩阻力率定系数(kPa/$\mu\varepsilon$);

ε_p——单桥探头的比贯入阻力应变量($\mu\varepsilon$);

ε_q——双桥探头的锥尖阻力应变量($\mu\varepsilon$);

ε_f——双桥探头的侧壁摩阻力应变量($\mu\varepsilon$);

ε_0——触探头的初始读数或零读数应变量($\mu\varepsilon$)。

⑮初步判定地基土承载力特征值和压缩模量时,可根据比贯入阻力或锥尖阻力标准

值按表 5.31 估算。

表 5.31　地基土承载力特征值 f_{ak} 和压缩模量 $E_{s0.1-0.2}$ 与比贯入阻力标准值的关系

f_{ak}/kPa	$E_{s0.1-0.2}$/MPa	p_s 适用范围/MPa	适用土类
$f_{ak}=80p_s+20$	$E_{s0.1-0.2}=2.5\ln(p_s)+4$	0.4~5.0	黏性土
$f_{ak}=47p_s+40$	$E_{s0.1-0.2}=2.44\ln(p_s)+4$	1.0~16.0	粉土
$f_{ak}=40p_s+70$	$E_{s0.1-0.2}=3.6\ln(p_s)+3$	3.0~30.0	砂土

注:采用 q_c 值时,取 $p_s=1.1q_c$。

⑯地基土不排水抗剪强度可按下式计算确定:

$$C_u = 1\,000K_c \times (P_f - P_0) \tag{5.11}$$

或

$$C_u = K \times (\varepsilon - \varepsilon_0) \tag{5.12}$$

或

$$C_u = 10K_e \eta R_y \tag{5.13}$$

式中　C_u——地基土不排水抗剪强度(kPa),精确到 0.1 kPa;

　　　P_f——剪损土体的总作用力(N);

　　　P_0——轴杆与土体间的摩擦力和仪器机械阻力(N);

　　　K——电测式十字板剪切仪的探头率定系数(kPa/$\mu\varepsilon$);

　　　ε——剪损土体的总作用力对应的应变测试仪读数($\mu\varepsilon$);

　　　ε_0——初始读数($\mu\varepsilon$);

　　　K_e——十字板常数;当板头尺寸为 50 mm×100 mm 时,取 0.002 18 cm^{-3};当板头尺

　　　　　　寸为 75 mm×150 mm 时,取 0.000 65 cm^{-3};

　　　R_y——原状土剪切破坏时的读数(mV);

　　　η——传感器率定系数(N·cm/mV)。

⑰初步判定地基土承载力特征值时,可按下式进行估算:

$$f_{ak} = 2C_u \times \gamma h \tag{5.14}$$

式中　f_{ak}——地基承载力特征值(kPa);

　　　γ——土的天然重度(kN/m^3);

　　　h——基础埋置深度(m),当 $h>3.0$ m 时,宜根据实际情况进行折减。

【引】根据欧洲标准[①]的规定,试验结果评估标准如下:

①如有必要,应对施加的压力探头表面进行刚度校正,以获得施加在探头周围圆柱形地面接触面上的真实压力。

②如果使用径向位移式旁压计,位移读数应转换为平面应变。如果测试软岩,则应校正压力探头刚度。

③如果使用体积置换式旁压计(如 MPM),应校正体积读数。

---

①欧洲,《欧洲规范7　岩土工程设计》。

④现场和试验报告应符合特定标准中的试验类型,从而进行进一步承载力评估试验。

⑤除单个设备测试标准要求的对比外,还应考虑其他多种试验综合对比(表5.32)。

表5.32 其他绘图列表

探查	地面类型	横坐标	坐标
钻孔柱状图	全部的	每个孔的空腔应变	施加压力
预钻孔	全部的	每对孔的空腔应变	施加压力
钻孔	全部的	每个孔的初始空腔应变	施加压力
全部的	全部的	每个孔负载循环的空腔应变	施加压力
全部的	黏土	每个孔的空腔应变对数	施加压力
全部的	沙子	每个孔的当前空腔应变的自然对数	有效施加压力的自然对数
预钻孔	全部的	体积变化	施加压力
预钻孔	全部的	变化率	施加压力

注:对于MPM试验,压力绘制为横坐标,体积变化绘制为纵坐标。

【注】国内外规范关于地基承载力检测的判别标准的规定较相似,均为各检测方法的结果评估标准。

国内规范介绍了修正地基承载力公式,然后针对软土、排水固结后软土、复合地基和竖向增强体情况介绍了实测数据的处理方法和修正系数,给出了地基承载力的判定方法。欧洲标准针对检测手段分别规定了试验数据的处理、结果的评估方法。

总体来看,国内外规范的判别标准既相似又存在不同。国外的判别标准未涉及不同场地条件的划分,需要依赖技术人员的判断。

5.5.2 基桩成孔质量检测

根据《公路桥涵施工技术规范》(JTG/T 3650—2020),灌注桩的混凝土质量检验应符合下列规定:

①桩身混凝土和后压浆中,水泥浆的抗压强度应符合设计规定。

②对桩身的完整性进行检验时,检测的数量和方法应符合设计和合同的规定。

根据《公路工程质量检验评定标准 第一册 土建工程》(JTG F80/1—2017),水泥混凝土抗压强度的合格评定应符合下列规定:

①同批试件组数大于或等于10组时,应以数理统计方法评定,且满足下列条件:

$$m_{f_{cu}} \geq f_{cu,k} + \lambda_1 S_n \tag{5.15}$$

$$f_{cu,min} \geq \lambda_2 f_{cu,k} \tag{5.16}$$

式中 n——同批混凝土试件组数;

$m_{f_{cu}}$——同批 n 组试件强度的平均值(MPa),精确到0.1 MPa;

S_n——同批 n 组试件强度的标准差(MPa),精确到 0.01 MPa;当 $S_n < 2.5$ MPa 时,取 $S_n = 2.5$ MPa;

$f_{cu,k}$——混凝土设计强度等级(MPa);

$f_{cu,min}$——n 组试件中强度最低一组的值(MPa),精确到 0.1 MPa;

λ_1、λ_2——合格判定系数,如表 5.33 所示。

表 5.33　λ_1、λ_2 的值

n	10 ~ 14	15 ~ 19	≥20
λ_1	1.15	1.05	0.95
λ_2	0.9	0.85	

②同批试件组数小于 10 组时,可用非数理统计方法评定,且满足下列条件:

$$m_{f_{cu}} \geq \lambda_3 f_{cu,k} \tag{5.17}$$

$$f_{cu,min} \geq \lambda_4 f_{cu,k} \tag{5.18}$$

式中　λ_3、λ_4——合格判定系数,如表 5.34 所示。

表 5.34　λ_3、λ_4 的值

n	<C60	≥C60
λ_3	1.15	1.10
λ_3	0.95	

③检查项目中,水泥混凝土抗压强度评为不合格时,相应分项工程应为不合格。

【注】国内规范对基桩成孔质量检测有较具体的规定,给出了承载力计算的具体公式。未找到国外标准关于基桩成孔质量检测的规定。

5.5.3　桩身完整性检测

根据《建筑基桩检测技术规范》(JGJ 106—2014)的规定:

①桩身完整性类别应结合钻芯孔数、现场混凝土芯样特征、芯样试件抗压强度试验结果,按表 5.35 所列特征进行综合判定。

当混凝土出现分层现象时,宜截取分层部位的芯样进行抗压强度试验。当混凝土抗压强度满足设计要求时,可判为Ⅱ类;当混凝土抗压强度不满足设计要求或不能制作成芯样试件时,应判为Ⅳ类。

多于 3 个钻芯孔的基桩桩身完整性可类比表 5.35 中三孔特征进行判定。

表 5.35　桩身完整性判定

类别	特征		
	单孔	双孔	三孔
Ⅰ	混凝土芯样连续、完整、胶结好,芯样侧表面光滑、骨料分布均匀,芯样呈长柱状、断口吻合		
	芯样侧表面仅见少量气孔	局部芯样侧表面有少量气孔、蜂窝麻面、沟槽,但在另一孔同一深度部位的芯样中未出现,否则应判为Ⅱ类	局部芯样侧表面有少量气孔、蜂窝麻面、沟槽,但在三孔同一深度部位的芯样中未同时出现,否则应判为Ⅱ类
Ⅱ	混凝土芯样连续、完整、胶结较好,芯样侧表面较光滑、骨料分布基本均匀,芯样呈柱状、断口基本吻合,有下列情况之一:		
	①局部芯样表面有蜂窝麻面、沟槽和较多气孔;②芯样侧表面蜂窝麻面严重、沟槽连续,或局部芯样骨料分布极不均匀,但对应部位的混凝土芯样试件抗压强度检测值满足设计要求,否则应判为Ⅲ类	①芯样表面有较多气孔、严重蜂窝麻面、连续沟槽或局部混凝土芯样骨料分布极不均匀,但在两孔同一深度部位的芯样中未同时出现;②芯样侧表面有较多气孔、严重蜂窝麻面、连续沟槽或局部混凝土芯样骨料分布不均匀,且在另一孔同一深度部位的芯样中同时出现,但该深处部位的混凝土芯样试件抗压强度检测值满足设计要求,否则应判为Ⅲ类;③任一孔局部混凝土芯样破碎段长度不大于 10 cm,且在另一孔同一深度部位的局部混凝土芯样的外观判定完整性类别为Ⅰ类或Ⅱ类,否则应判为Ⅲ类或Ⅳ类	①芯样侧表面有较多气孔、严重蜂窝麻面、连续沟槽或局部混凝土芯样骨料分布不均匀,但在三孔同一深部位的芯样中未同时出现;②芯样侧表面有较多气孔、严重蜂窝麻面、连续沟槽或局部混凝土芯样骨料分布不均匀,且在任意两孔或三孔同一深度部位的芯样中同时出现,但该深度部位的混凝土芯样试件抗压强度检测值满足设计要求,否则应判为Ⅲ类;③任一孔局部混凝土芯样破碎段长度不大于 10 cm,且在另两孔同一深度部位的局部混凝土芯样的外观判定完整性类别为Ⅰ类或Ⅱ类,否则应判为Ⅲ类或Ⅳ类

续表

类别	特征		
	单孔	双孔	三孔
Ⅲ	大部分混凝土芯样胶结较好,无松散、夹泥现象,有下列情况之一: ①芯样不连续,多呈短柱状或块状; ②局部混凝土芯样破碎段长度不大于 10 cm	大部分混凝土芯样胶结较好,无松散、夹泥现象,有下列情况之一: ①芯样不连续,多呈短柱状或块状; ②任一孔局部混凝土芯样破碎段长度大于 10 cm 但不大于 20 cm,且在同一孔同一深度部位的局部混凝土芯样的外观判定完整性类别为Ⅰ类或Ⅱ类,否则应判定为Ⅳ类	大部分混凝土芯样胶结较好,有下列情况之一: ①芯样不连续,多呈短柱状或块状; ②任一孔局部混凝土芯样破碎段长度大于 10 cm 但不大于 30 cm,且在另两孔同一深处部位的局部混凝土芯样的外观判定完整性类别为Ⅰ类或Ⅱ类,否则应判定为Ⅳ类; ③任一孔局部混凝土芯样松散段长度不大于 10 cm,且在另两孔同一深度部位的局部混凝土芯样的外观判定完整性类别为Ⅰ类或Ⅱ类,否则应判为Ⅳ类
Ⅳ	有下列情况之一: ①因混凝土胶结质量差而难以钻进; ②混凝土芯样任一段松散或夹泥; ③局部混凝土芯样破碎段长度大于 10 cm	有下列情况之一: ①因混凝土胶结质量差而难以钻进; ②混凝土芯样任一段松散或夹泥; ③任一孔局部混凝土芯样破碎长度大于 20 cm; ④两孔同一深度部位的混凝土芯样破碎	有下列情况之一: ①因混凝土胶结质量差而难以钻进; ②混凝土芯样任一段松散或夹泥段长度大于 10 cm; ③任一孔局部混凝土芯样破碎长度大于 30 cm; ④其中,两孔在同一深度部位的混凝土芯样破碎、松散或夹泥

注:当上一缺陷的底部位置标高与下一缺陷顶部位置标高的高差小于 30 cm 时,可认定两缺陷处于同一深处部位。

②桩身完整性类别应结合缺陷出现的深度、测试信号衰减特性以及设计桩型、成桩工艺、地基条件、施工情况,按表 5.36 所列时域信号特征或幅频信号特征进行综合分析判定。

表 5.36　桩身完整性判定

类别	时域信号特征	频域信号特征
I	$2L/c$ 时刻前无缺陷反射波,有桩底反射波	桩底谐振峰排列基本等间距,其相邻频差约为 $c/2L$
II	$2L/c$ 时刻前出现轻微缺陷反射波,有桩底反射波	桩底谐振峰排列基本等间距,其相邻频差约为 $c/2L$,轻微缺陷产生的谐振峰与桩底谐振峰之间的频差大于 $c/2L$
III	有明显缺陷反射波,其他特征介于 II 类和 IV 类之间	
IV	$2L/c$ 时刻前出现严重缺陷反射波或周期性反射波,无桩底反射波;或因桩身浅部严重缺陷使波形呈现低频大振幅衰减振动,无桩底反射波	缺陷谐振峰排列基本等间距,相邻频差大于 $c/2L$,无桩底谐振峰;或因桩身浅部严重缺陷只出现单一谐振峰,无桩底谐振峰

注:对同一场地、地基条件相近、桩型和成桩工艺相同的基桩,因桩端部分桩身阻抗与持力层阻抗相匹配导致实测信号无桩底反射波时,可按本场地同条件下有桩底反射波的其他桩实测信号判定桩身完整性类别。

③桩身完整性可采用下列方法进行判定:

a.采用实测曲线合法定承载力,应符合下列规定:

●所采用的力学模型应明确、合理,桩和土的力学模型应能分别反映桩和土的实际力学性状,模型参数的取值范围应能限定。

●合分析选用的参数应在岩土工程的合理范围内。

●曲线拟合时间段长度在 $t+2L/c$ 时刻后延续时间不应小于 20 ms;对于柴油锤打桩信号,在 $t+2L/c$ 时刻后延续时间不应小于 30 ms。

●各单元所选用的最大弹性位移 s 不应超过相应桩单元的最大计算位移值。

●拟合完成时,土阻力响应区段的计算曲线与实测曲线应吻合,其他区段的曲线应基本吻合。

●贯入度的计算值应与实测值接近。

b.根据桩的成桩工艺,拟合时可采用桩身阻抗拟合或桩身裂隙以及混凝土预制桩的接桩缝隙拟合。

c.等截面桩且缺陷深度 x 以上部位的土阻力 R_x 未出现卸载回弹时,桩身完整性系数 β 和桩身缺陷位置 x 应分别按下式计算,桩身完整性可按表 5.37 并结合经验判定。

$$\beta = \frac{F(t_1) + F(t_x) + Z[V(t_1) - V(t_x)] - 2R_x}{F(t_1) - F(t_x) + Z[V(t_1) + V(t_x)]} \qquad (5.19)$$

$$x = c \cdot \frac{t_x - t_1}{2\ 000} \qquad (5.20)$$

式中　t_x——缺陷反射峰对应的时刻(ms);

x——桩身缺陷至传感器安装点的距离(m);

R_x——缺陷以上部位土阻力的估计值,其值等于缺陷反射波起始点的力与速度乘

以桩身截面力学阻抗之差值(图5.2);

β——桩身完整性系数,其值等于缺陷 x 处桩身截面阻抗与 x 以上桩身截面阻抗的比值。

表5.37　桩身完整性系数

类别	β 值
Ⅰ	$\beta = 1.0$
Ⅱ	$0.8 \leqslant \beta < 1.0$
Ⅲ	$0.6 \leqslant \beta < 0.8$
Ⅳ	$\beta < 0.6$

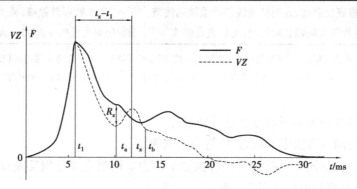

图5.2　桩身完整性系数计算

④出现下列情况之一时,桩身完整性宜按地基条件和施工工艺,结合实测曲线拟合法或其他检测方法综合判定:

a.桩身有扩径。

b.混凝土灌注桩桩身截面渐变或多变。

c.力和速度曲线在第一峰附近不成比例,桩身浅部有缺陷。

d.锤击力波上升缓慢。

e.缺陷深度 x 以上部位的土阻力 R_x 出现卸载回弹。

⑤桩身完整性类别应结合桩身缺陷处声测线的声学特征、缺陷的空间分布范围,按表5.38所列特征进行综合判定。

表5.38　桩身完整性判定

类别	特征
Ⅰ	①所有声测线声学参数无异常,接收波形正常; ②存在声学参数轻微异常、波形轻微畸变的异常声测线,异常声测线在任一检测剖面的任一区段内纵向不连续分布,且在任一深度横向分布的数量小于检测剖面数量的50%

类别	特征
Ⅱ	①存在声学参数轻微异常、波形轻微畸变的异常声测线,异常声测线在一个或多个检测剖面的一个或多个区段内纵向连续分布,或在一个或多个深度横向分布的数量大于或等于检测剖面数量的 50%; ②存在声学参数明显异常、波形明显畸变的异常声测线,异常声测线在任一检测剖面的任一区段内纵向不连续分布,且在任一深度横向分布的数量小于检测剖面数量的 50%
Ⅲ	①存在声学参数明显异常、波形明显畸变的异常声测线,异常声测线在一个或多个检测剖面的一个或多个区段内纵向连续分布,但在任一深度横向分布的数量小于检测剖面数量的 50%; ②存在声学参数明显异常、波形明显畸变的异常声测线,异常声测线在任一检测剖面的任一区段内纵向不连续分布,但在一个或多个深度横向分布的数量大于或等于检测剖面数量的 50%; ③存在声学参数严重异常、波形严重畸变或声速低于低限值的异常声测线,异常声测线在任一检测剖面的任一区段内纵向不连续分布,且在任一深度横向分布的数量小于检测剖面数量的 50%
Ⅳ	①存在声学参数明显异常、波形明显畸变的异常声测线,异常声测线在一个或多个检测剖面的一个或多个区段内纵向连续分布,且在一个或多个深度横向分布的数量大于或等于检测剖面数量的 50%; ②存在声学参数严重异常、波形严重畸变或声速低于低限值的异常声测线,异常声测线在一个或多个检测剖面的一个或多个区段内纵向连续分布,或在一个或多个深度横向分布的数量大于或等于检测剖面数量的 50%

注:①完整性类别由Ⅳ类到Ⅰ类依次判定。

②对于只有一个检测剖面的受检桩,桩身完整性判定应按该检测剖面代表桩全部横截面的情况对待。

【注】国内规范关于桩身完整性检测的规定较细致,说明了桩身完整性的表征指标,并提出了不同完整度的桩的分类标准。未找到国外标准关于桩身完整性检测判定标准的内容。

国内规范明确了不同检测方法下桩的完整性判别标准,对桩完整性的规定较严格。

5.5.4 基桩承载力检测

根据《建筑基桩检测技术规范》(JGJ 106—2014)的规定,基桩承载力检测按以下方法进行。

①单桩竖向抗压极限承载力应按下列方法分析确定:

a.根据沉降随荷载变化的特征确定,对于陡降型 Q-s 曲线,应取其发生明显陡降的起始点对应的荷载值。

b.根据沉降随时间变化的特征确定,应取 s-$\lg t$ 曲线尾部出现明显向下弯曲的前一级荷载值。

c.符合本规范第 2 款情况时,宜取前一级荷载值。

d. 对于缓变型 Q-s 曲线,宜根据桩顶总沉降量,取 $s=40$ mm 对应的荷载值;对 D(D 为桩端直径)大于或等于 800 mm 的桩,可取 $s=0.05D$ 对应的荷载值;当桩长大于 40 m 时,宜考虑桩身弹性压缩。

e. 不满足本条第 1~4 款情况时,桩的竖向抗压极限承载力宜取最大加载值。

②单桩竖向抗拔极限承载力应按下列方法确定:

a. 根据上拔量随荷载变化的特征确定,对于陡变型 U-δ 曲线,应取陡升起始点对应的荷载值。

b. 根据上拔量随时间变化的特征确定,应取 δ-lg$t$ 曲线斜率明显变陡或曲线尾部明显弯曲的前一级荷载值。

c. 在某级荷载下抗拔钢筋断裂时,应取前一级荷载值。

③单桩的水平临界荷载可按下列方法综合确定:

a. 取单向多循环加载法时的 H-t-Y_0 曲线或慢速维持荷载法时的 H-Y_0 曲线出现拐点的前一级水平荷载值。

b. 取 H-$\Delta Y/\Delta H$ 曲线或 lg$H$-lgY_0 曲线上第一拐点对应的水平荷载值;其中,H 为作用于地面的水平力(kN),Y_0 为水平力作用点的水平位移(m)。

c. 取 H-σ_s 曲线第一拐点对应的水平荷载值。

④单桩水平极限承载力可按下列方法确定:

a. 取单向多循环加载法时的 H-t-Y_0 曲线产生明显陡降的前一级,或慢速维持荷载法时的 H-Y_0 曲线发生明显陡降的起始点对应的水平荷载值。

b. 取慢速维持荷载法时的 Y_0-lg$t$ 曲线尾部出现明显弯曲的前一级水平荷载值。

c. 取 H-$\Delta Y_0/\Delta H$ 曲线或 lg$H$-lgY_0 曲线上第二拐点对应的水平荷载值。

d. 取桩身折断或受拉钢筋屈服时的前一级水平荷载值。

【注】国内规范关于基桩承载力检测有较为详细的规定,针对不同检测方法分别对标准进行了详细说明。未找到国外标准关于基桩承载力检测的内容。

5.5.5　钢材

根据《公路桥涵施工技术规范》(JTG/T 3650—2020),钢筋机械连接接头在施工现场的检验与验收应符合下列规定:

①应提交有效的型式检验报告及连接件产品合格证、接头加工安装要求等相关技术文件。

②在钢筋连接工程开始前及施工过程中,应对第一批进场钢筋进行接头工艺试验。进行接头工艺试验时,每种规格钢筋的接头试件应不少于 3 个,3 个接头试件的抗拉强度和残余变形均应满足本手册附录 B 的要求。

③现场检验应进行外观质量检查和单向拉伸强度试验。

④接头的现场检验应按验收批进行。同一施工条件下,采用同一批材料的同等级、同形式、同规格接头,以 500 个为一个验收批进行检验与验收,不足 500 个时也作为一个

验收批。

⑤对接头的每一个验收批,应在工程结构中随机截取 3 个试件做抗拉强度试验。当 3 个接头试件的抗拉强度符合相应等级要求时,该验收批评定为合格;如有 1 个试件的抗拉强度不合格,应再取 6 个试件进行复检,复检中如仍有 1 个试件试验结果不合格,则该验收批评定为不合格。

⑥在现场连续检验 10 个验收批,其全部试件抗拉强度试验一次抽样均合格时,验收批接头数量可扩大 1 倍。

【注】国内规范对钢材的检测标准,首先是提交有效的型式检验报告及连接件产品合格证、接头加工安装要求等相关技术文件,其次是钢筋连接工程开始前及施工过程中,应对第一批进场钢筋进行接头工艺试验。现场检验应进行外观质量检查和单向拉伸强度试验,接头的现场检验应按验收批进行。同一施工条件下,采用同一批材料的同等级、同形式、同规格接头,以 500 个为一个验收批进行检验与验收,不足 500 个时也作为一个验收批;当接头试件的抗拉强度符合相应等级要求时,该验收批评定为合格;如有 1 个试件的抗拉强度不合格,应再取 6 个试件进行复检,复检中如仍有 1 个试件试验结果不合格,则该验收批评定为不合格;在现场连续检验 10 个验收批,其全部试件抗拉强度试验一次抽样均合格时,验收批接头数量可扩大 1 倍。

目前,搜集到的国外标准对钢材检测方面没有具体的要求。

6

引用规范汇总

6.1 国内规范

[1]《公路隧道施工技术规范》(JTG/T 3660—2020);

[2]《公路工程质量检验评定标准　第一册　土建工程》(JTG F80/1—2017);

[3]《公路圬工桥涵设计规范》(JTG D61—2005);

[4]《普通混凝土长期性能和耐久性能试验方法标准》(GB/T 50082—2009);

[5]《公路桥涵施工技术规范》(JTG/T 365—2020);

[6]《公路桥梁板式橡胶支座》(JT/T 4—2019);

[7]《公路桥梁盆式支座》(JT/T 391—2019);

[8]《公路桥涵地基与基础设计规范》(JTG 3363—2019);

[9]《建筑地基检测技术规范》(JGJ 340—2015);

[10]《建筑基桩检测技术规范》(JGJ 106—2014)。

6.2 国外规范

[1]英国,《道路和桥梁设计手册》,*Design Manual for Roads and Bridges*;

[2]法国,《土木工程试点档案-4　挖掘和支持过程》,*Dossier pilote des tunnels génie civil-section 4 procédés de creusement et de soutènement*;

[3]法国,《通用技术条款手册(C.C.T.G)　第69分册:地下工程》,*Fascicule 69 Travaux en souterrains*;

[4]法国,《通用技术条款手册(C.C.T.G)　第65分册:执行土木工程的具体方法》,*Fascicule 65 Exécution des ouvrages de génie civil en béton armé ou précontraint*;

[5]法国,《通用技术条款手册(C.C.T.G)　第68分册:地基》,*Fascicule 68 Exécution des travaux de fondations des ouvrages de génie civil*;

[6]德国,《德国建筑合同规程(VOB)　第C部分:建筑合同(ATV)中的通用技术规范　道路施工　带水硬性黏合剂的路面层》(DIN 18316 2010—04),*VOB Vergabe - und*

114

Vertragsordnung für Bauleistungen － Teil C：Allgemeine Technische Vertragsbedingungen für Bauleistungen（ATV）－ Verkehrswegebauarbeiten － Oberbauschichten mit hydraulischen Bindemitteln；

[7]英国，《土工合成挡墙 隧道和相关地下结构施工所需的特性》（BS EN 13491—2018），*Geosynthetic barriers-Characteristics required for use in the construction of tunnels and associated underground structures*；

[8]法国，《通用技术条款手册（C. C. T. G） 第 67 分册：地下构造物的防水密封性》，*Fascicule 67-I Etanchéité des ouvrages d'art. Support en béton de ciment*；

[9]法国，《土木工程隧道试点档案-7 卫生、排水和杂项网络》，*Dossier pilote des tunnels génie civil-section 7 assainissement，drainage et réseaux divers*；

[10] 荷兰，《隧道衬砌设计指南》，*Design Guidelines for Tunnel Lining，Thomas Telford*，2004；

[11]美国，《美国职业安全与健康标准》，*US Occupational Safety and Health Standards*；

[12]美国，《分析方法手册》，*NIOSH Manual of Analytical Methods*；

[13]美国，《公路和轨道交通隧道检查手册》，*Highway and Rail Transit Tunnel Inspection Manual*；

[14]欧洲，《欧洲法规 4 钢和混凝土组合结构的设计 第 2 部分：桥梁的一般规则》，*Eurocode 4：Design of composite steel and concrete structures*；

[15]英国，《用于加固混凝土的钢筋-可焊接的钢筋（概述）》（BS EN 10085—2005），*Steel for the reinforcement of concrete － Weldable reinforcing steel － General*；

[16]英国，《隧道掘进机-掘进机和连续掘进机-安全要求》（BS EN 12111—2014），*Tunnelling machines － Road headers and continuous miners － Safety requirements*；

[17]美国，《住宅单元一氧化碳（CO）报警设备安装标准（2005 版）》（NFPA 720），*Standard for the Installation of Carbon Monoxide（CO）Detection and Warning Equipment*；

[18]《防水用柔性板 屋顶防水用沥青板 低温下柔韧性的测定》（EN 1109—2013），*Flexible sheets for waterproofing-Bitumen sheets for roof waterproofing-Determination of flexibility at low temperature*；

[19]《防水柔性板 屋顶用沥青、塑料和橡胶板 长期暴露于高温下的人工老化方法》（EN 1296—2000），*Flexible sheets for waterproofing-Bitumen，plastic and rubber sheets for roofing-Method of artificial ageing by long term exposure to elevated temperature*；

[20]《防水用柔性板 耐臭氧性的测定 屋顶防水用塑料和橡胶板》（EN 1844—2013），*Flexible sheets for waterproofing-Determination of resistance to ozone-Plastic and rubber sheets for roof waterproofing*；

[21]《防水用柔性板 单位面积厚度和质量的测定 第 1 部分：屋顶防水用沥青板》（EN 1849-1—1999），*Flexible sheets for waterproofing-Determination of thickness and mass per unit area-Part 1：Bitumen sheets for roof waterproofing*；

[22]《防水柔性板 单位面积厚度和质量的测定 第 2 部分：塑料和橡胶板》(EN 1849-2—2009)，*Flexible sheets for waterproofing-Determination of thickness and mass per unit area-Part 2：Plastic and rubber sheets*；

[23]《土工布和土工布相关产品 耐候性的测定》(EN 12224—2000)，*Geotextiles and geotextile-related products-Determination of the resistance to weathering*；

[24]《土工布和土工布相关产品 通过土壤掩埋试验确定微生物抗性的方法》(EN 12225—2000)，*Geotextiles and geotextile-related products-Method for determining the microbiological resistance by a soil burial test*；

[25]《土工合成材料 耐久性测试后评估的一般测试》(EN 12226—2012)，*Geosynthetics-General tests for evaluation following durability testing*；

[26]《防水柔性板 第 1 部分：防水沥青板 抗撕裂性的测定(钉柄)》(EN 12310-1—1999)，*Flexible sheets for waterproofing-Part 1：Bitumen sheets for waterproofing-Determination of resistance to tearing（nail shank）*；

[27]《用于防水的柔性板 第 1 部分：用于屋顶防水的沥青板 拉伸性能的测定》(EN 12311-1—1999)，*Flexible sheets for waterproofing-Part 1：Bitumen sheets for roof waterproofing-Determination of tensile properties*；

[28]《用于防水的柔性板 拉伸性能的测定 第 2 部分：用于屋顶防水的塑料和橡胶板》(EN 12311-2—2013)，*Flexible sheets for waterproofing-Determination of tensile properties-Part 2：Plastic and rubber sheets for roof waterproofing*；

[29]《土工布和土工布相关产品 道路和其他交通区域(不包括铁路和沥青夹杂物)建设所需的特性》(EN 13249—2016)，*Geotextiles and geotextile-related products-Characteristics required for use in the construction of roads and other trafficked areas（excluding railways and asphalt inclusion）*；

[30]《土工布和土工布相关产品 铁路建设所需的特性》(EN 13250—2016)，*Geotextiles and geotextile-related products-Characteristics required for use in the construction of railways*；

[31]《土工布和土工布相关产品 用于土方工程、地基和挡土结构所需的特性》(EN 13251—2016)，*Geotextiles and geotextile-related products-Characteristics required for use in earthworks, foundations and retaining structures*；

[32]《土工布和土工布相关产品 用于排水系统所需的特性》(EN 13252—2016)，*Geotextiles and geotextile-related products-Characteristics required for use in drainage systems*；

[33]《土工布和土工布相关产品 用于侵蚀控制工程(海岸保护、河岸护岸)所需的特性》(EN 13253—2016)，*Geotextiles and geotextile-related products-Characteristics required for use in erosion control works（coastal protection, bank revetments）*；

[34]《土工布和土工布相关产品 用于建造水库和大坝的特性》(EN 13254—2016)，*Geotextiles and geotextile-related products-Characteristics required for the use in the con-*

struction of reservoirs and dams；

［35］《土工布和土工布相关产品　运河建设所需的特性》（EN 13255—2016），*Geotextiles and geotextile-related products-Characteristics required for use in the construction of canals*；

［36］《土工布和土工布相关产品　隧道和地下结构施工所需的特性》（EN 13256—2016），*Geotextiles and geotextile-related products-Characteristics required for use in the；construction of tunnels and underground structures*；

［37］《土工布和土工布相关产品　用于固体废物处理的特性》（EN 13257—2016），*Geotextiles and geotextile-related products-Characteristics required for use in solid waste disposals*；

［38］《土工布和土工布相关产品　用于液体废物遏制项目所需的特性》（EN 13265—2016），*Geotextiles and geotextile-related products-Characteristics required for use in liquid waste containment projects*；

［39］《土工合成屏障　液体渗透性的测定》（EN 14150—2006），*Geosynthetic barriers-Determination of permeability to liquids*；

［40］《土工合成材料　爆破强度的测定》（EN 14151—2010），*Geosynthetics-Determination of burst strength*；

［41］《土工合成材料　测量黏土土工合成屏障单位面积质量的测试方法》（EN 14196—2016），*Geosynthetics-Test methods for measuring mass per unit area of clay geosynthetic barriers*；

［42］《土工合成材料　确定垃圾填埋应用耐化学性的筛选测试方法》（EN 14414—2015），*Geosynthetics-Screening test method for determining chemical resistance for landfill applications*；

［43］《土工合成屏障　测定抗浸出性的测试方法》（EN 14415—2004），*Geosynthetic barriers-Test method for determining the resistance to leaching*；

［44］《土工合成屏障　测定抗根性的试验方法》（CEN/TS 14416—2014），*Geosynthetic barriers-Test method for determining the resistance to roots*；

［45］《土工合成屏障　干湿循环对黏土土工合成屏障渗透性影响的测定方法》（CEN/TS 14417—2014），*Geosynthetic barriers-Test method for the determination of the influence of wetting-drying cycles on the permeability of clay geosynthetic barriers*；

［46］《土工合成屏障　测定冻融循环对黏土土工合成屏障渗透性影响的试验方法》（CEN/TS 14418—2014），*Geosynthetic Barriers-Test method for the determination of the influence of freezing-thawing cycles on the permeability of clay geosynthetic barriers*；

［47］《土工合成屏障　确定抗氧化性的筛选测试方法》（EN 14575—2005），*Geosynthetic barriers-Screening test method for determining the resistance to oxidation*；

［48］《土工合成材料　测定聚合土工合成材料抗性的测试方法环境应力开裂障碍》（EN 14576—2005），*Geosynthetics-Test method for determining the resistance of polymeric geo-*

synthetic barriers to environmental stress cracking；

［49］《土工合成黏土屏障　水通量指数的测定　恒定水头下的柔性壁渗透法》（EN 16416—2013），*Geosynthetic clay barriers-Determination of water flux index-Flexible wall permeameter method at constant head*；

［50］《塑料　拉伸性能的测定　第 1 部分：一般原则》（EN ISO 527-1—2012），*Plastics-Determination of tensile properties-Part 1：General principles*；

［51］《塑料　拉伸性能的测定　第 3 部分：薄膜和片材的测试条件》（ISO 527-3—2018），*Plastics-Determination of tensile properties-Part 3：Test conditions for films and sheets*；

［52］《塑料　拉伸性能的测定　第 4 部分：各向同性和原位纤维增强塑料复合材料的测试条件》（ISO 527-4—2023），*Plastics-Determination of tensile properties-Part 4：Test conditions for isotropic and orthotopic fibre-reinforced plastic composites*；

［53］《塑料　熔体质量流量（MFR）和熔体体积流量的测定（MVR）热塑性塑料　第 1 部分：标准方法》（ISO 1133-1—2011），*Plastics-Determination of the melt mass-flow rate（MFR）and melt volume-flow rate（MVR）of thermoplastics-Part 1：Standard method*；

［54］《塑料　测定非泡沫塑料密度的方法　第 1 部分：浸渍法、液体比重瓶法和滴定法》（ISO 1183-1—2012），*Plastics-Methods for determining the density of non-cellular plastics-Part 1：Immersion method，liquid pyknometer method and titration method*；

［55］《塑料　测定非泡沫塑料密度的方法　第 2 部分：密度梯度柱法》（ISO 1183-2—2004），*Plastics-Methods for determining the density of non-cellular plastics-Part 2：Density gradient column method*；

［56］《塑料　测定非多孔塑料密度的方法　第 3 部分：气体比重瓶法（ISO 1183-3—1999），*Plastics-Methods for determining the density of non-cellular plastics-Part 3：Gas pyknometer method*；

［57］《分析实验室用水　规范和测试方法》（ISO 3696：1987），*Water for analytical laboratory use-Specification and test methods*；

［58］《土工合成材料　在指定压力下的厚度测定　第 1 部分：单层（ISO 9863-1—2016），*Geosynthetics-Determination of thickness at specified pressures-Part 1：Single layers*；

［59］《土工合成材料　测定土工布和土工布相关产品单位面积质量的测试方法（ISO 9864—2005），*Geosynthetics-Test method for the determination of mass per unit area of geotextiles and geotextile-related products*；

［60］《土工合成材料　第 1 部分：术语和定义（ISO 10318-1—2015），*Geosynthetics Part 1：Terms and definitions*；

［61］《土工合成材料　宽幅拉伸试验（ISO 10319—2015），*Geosynthetics-Wide-width tensile test*；

［62］《黏土土工合成屏障　气体渗透性的测定》（ISO 10773—2011），*Clay geosynthetic barriers-Determination of permeability to gases*；

［63］《塑料 差示扫描量热法（DSC） 第 6 部分：氧化诱导时间（等温 OIT）和氧化诱导温度（动态 OIT）的测定》（ISO 11357-6—2018），*Plastics-Differential scanning calorimetry（DSC）-Part 6：Determination of oxidation induction time（isothermal OIT）and oxidation induction temperature（dynamic OIT）*；

［64］《土工合成材料 静态穿刺测试（CBR 测试）》（ISO 12236—2006），*Geosynthetics-Static puncture test（CBR test）*；

［65］《土工布和土工布相关产品 确定抗氧化性的筛选测试方法》（ISO 13438：2004），*Geotextiles and geotextile-related products-Screening test method for determining the resistance to oxidation*；

［66］《硫化橡胶或热塑性橡胶撕裂强度的测定》（ISO 34-1—2015），*Rubber，vulcanized or thermoplastic-Determination of tear strength-Part* 1：*Trouser，angle and crescent test pieces*。

附录

附录 A 土工合成屏障的耐久性（规范性）

A.1 概述

A.1.1 使用寿命

附录 A 的规定和评估方法基于当前的技术、知识和经验，以及欧洲标准范围内规定的土工合成屏障的预期用途及其预期使用寿命（以年为单位）。使用寿命是指土工合成屏障在正确安装、使用和维护的情况下保持附录 A 所要求性能的使用期限。

附录 A 中描述的测试不存在折减系数的相关定义（如《欧洲规范 7 岩土工程设计》中所定义）。附录 A 中所描述的测试均属于筛选测试，以显示产品在一定时间内的服务能力。被调查产品的参考强度和残余强度、参考伸张率和残余伸张率、初始 OIT（氧化诱导时间）和剩余 OIT、初始 HP-OIT（高压 OIT）和剩余 HP-OIT、参考水通量和剩余水通量在附录 A 中，应按照所适用的标准在适用的情况下，以相同的方式确定。

使用寿命不应解释为制造商提供的保证，而仅视为选择适合使用条件和预期使用寿命的产品的一种手段。

A.1.2 耐久性试验

A.1.2.1 一般要求

附录 A 中未提及的材料或聚合物不包含在《土工合成挡墙　隧道和相关地下结构所需的特性》（BS EN 13491—2018）中。

除特别豁免外，所有 GBR 值均应满足 A.7 中型式试验的要求。

A.1.2.2 重复测试要求

如果原材料供应、生产技术以及产品的工艺和稳定性没有发生重大的工艺变化，则认为产品未发生改变。未发生改变的产品应在表 A.12、表 A.13 和表 A.14 的最大间隔

(最低测试频率)后再次测试。如果产品经历了重大的工艺变更,则应以与新产品相同的方式对其进行测试。

重大变化可能包括以下任何一项:

①聚合物及其组分和添加剂的化学配方(CAS 编号)发生变化。

②降低了聚合物中原料的活性成分浓度水平。

③配方中出现任何聚合物的替代品。

如果生产商可以通过定期评估(包括对工艺和长期稳定剂的分析)证明活性成分的类型和功效保持不变,则可以免除对变更产品的测试。

A.1.3　退化机制

土工合成屏障的耐久性取决于导致退化的各种机制,即机械或水力性能的降低。这些机制可概括如下:

①被高温、暴露于紫外线或重复机械应力加速的氧气侵蚀,以及可能由化学物质(如重金属)催化的侵蚀。

②土工合成屏障或其组分(添加剂)在升高的温度、酸和碱条件下加速水解侵蚀。

③溶剂化,即由于吸收液体化学品而引起的物理性质变化。

④环境应力开裂,即土工合成屏障在应力低于其屈服强度时的机械破坏。

⑤微生物攻击,包括细菌、真菌的作用。

⑥土工合成屏障的可溶成分和添加剂的浸出,从而直接或间接影响其机械性能或对其他形式降解的抵抗力。

⑦在 PVC-P 材料的情况下,由于增塑剂的损失和脱氯化氢作用产生退化。

⑧黏土组分的离子交换产生退化。

A.1.4　返修材料的使用

如果原始材料符合附录 A 的要求并且在返工过程中不进行造粒[①],则可以无限制地使用返工材料(RWM)。

如果在返工过程中进行造粒,最终产品符合附录 A 的要求,则可以使用来自同一生产或来源的返工材料。

A.1.5　回收材料

含有 PCM(消费后材料)或 PIM(工业后材料)的产品在不包含可生物降解材料的情况下,仅可被认为具有足够的耐用性,最短使用寿命为 5 年。

---

①造粒是一种热过程,来自挤出机的聚合物熔体被挤压通过一个模板并用刀切割以制成颗粒。这个过程会影响产品的特性。

A.2 伸缩装置变形性能试验

A.2.1 试验条件

在试验标准温度 23 ℃±5 ℃下,且不应有腐蚀性气体及影响检测的震动源。

A.2.2 试件

试验前,应将试件直接置于标准温度 23 ℃±5 ℃下,静置 24 h,使试件内外温度一致。

A.2.3 试验方法

A.2.3.1 试件布置

试件布置示意如图 A.1 所示。试验台、固定台座和移动台座应具有足够的刚度,避免对试验结果产生不良的影响。

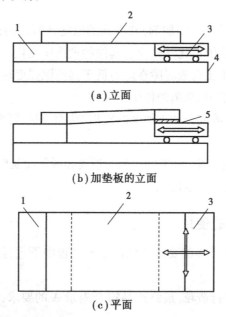

（a）立面

（b）加垫板的立面

（c）平面

图 A.1 试件布置示意图

1—固定台座;2—伸缩装置试件;3—移动台座;4—试验台;5—垫块

A.2.3.2 试验步骤

试验步骤如下:

①试验过程中,应采用不超过 1 mm/s 的速度施加纵向位移。

②在横向错位和竖向错位为零的状态下,使伸缩装置完成一次最大闭合和最大开口;在横向错位取最大、竖向错位为零的状态下,使伸缩装置完成一次最大闭合和最大开口;在横向错位为零、竖向错位取最大的状态下,使伸缩装置完成一次最大闭合和最大开口;在横向错位和竖向错位归零状态下,使伸缩装置处于最大开口状态。

③以 25% 最大伸缩量为步长,每步变形完成后静置 5 min,由最大开口变形至最大闭合测量变形、变位和摩阻力。

④上一步骤重复进行 3 次,测量结果的平均值与表 5.10 的要求比较,符合要求为合格。

⑤施加最大横向错位,以 25% 最大伸缩量为步长,每步变形完成后静置 5 min,由最大开口变形至最大闭合,测量变形、变位和摩阻力。

⑥上一步骤重复进行 3 次,测量结果的平均值与表 5.10 的要求比较,符合要求为合格;横向错位归零、施加最大竖向错位,以 25% 最大伸缩量为步长,每步变形完成后静置 5 min。

⑦最大开口变形至最大闭合,测量变形、变位和摩阻力。

⑧上一步骤重复进行 3 次,测量结果的平均值与表 5.10 的要求比较,符合要求为合格。

A.2.4 试验报告

试验报告应包括以下内容:

①试件概况,包括对应的伸缩装置型号、试件编号,并附简图。

②试验过程中出现的异常现象描述。

③完整的试验记录,包括试验评定结果,并附试验照片。

A.3 伸缩装置防水性能试验

A.3.1 试验条件

在试验标准温度 23 ℃±5 ℃下,且不应有腐蚀性气体及影响检测的震动源。

A.3.2 试件

试件应符合相关标准要求。试验前,应将试件直接置于标准温度 23 ℃±5 ℃下,静置 24 h,使试件内外温度一致。

A.3.3 试验方法

试验步骤如下:

①使伸缩装置处于最大开口状态,并固定。

②对伸缩装置试样进行封头处理封头,应高出伸缩装置顶面 30 mm。

③使伸缩装置处于水平状态,注水,使水面高出伸缩装置顶面 10 mm;若 24 h 后,未出现渗水泄漏水现象,则伸缩装置的防水性能符合要求。

A.3.4　试验报告

试验报告应包括以下内容:

①试件概况,包括对应的伸缩装置型号、试件编号,并附简图。

②试验过程中出现的异常现象描述。

③完整的试验记录,包括试验评定结果,并附试验照片。

A.4　伸缩装置承载性能试验

A.4.1　试验条件

在试验标准温度 23 ℃±5 ℃下,且不应有腐蚀性气体及影响检测的震动源。

A.4.2　试件

试件应符合本手册第 5 章 5.4.8 节的要求。试验前,应将试件直接置于标准温度 23 ℃±5 ℃下,静置 24 h,使试件内外温度一致。

A.4.3　试验方法

A.4.3.1　试件布置

试件布置示意如图 A.2 所示。试验台、固定台座和移动台座应具有足够的刚度,避免对试验结果产生不良的影响。

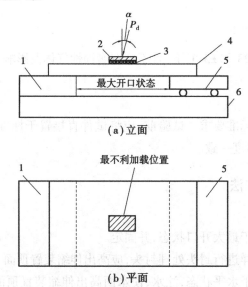

图 A.2　试件布置示意图

1—固定台座;2—钢加载板;3—橡胶板;4—伸缩装置试件;5—移动台座;6—试验台

A.4.3.2 试验步骤

试验步骤如下:

①在试验台座上固定伸缩装置,移动移动台座,使伸缩装置处于最大开口状态并固定。

②使用钢加载板和橡胶板模拟轮载作用,加载板尺寸采用轮载的着地尺寸。

③模拟轮载的静力作用时,α 取 16.7°;以设计轮载 P 的 10% 为步长,以 1 kN/s 的速度加载,每步加载完成后静置 5 min;测量伸缩装置的应力和竖向挠度。

④上一步骤重复进行 3 次,测量结果的平均值与附录 A 的要求比较,符合要求为合格。

⑤模拟轮载的疲劳作用时,α 取 0°;以 0 ~ P 为循环幅,施加 2×10 次,测量伸缩装置的应力变化情况,并观察伸缩装置是否开裂;若未出现疲劳裂缝,伸缩装置的疲劳性能符合要求。

A.4.4 试验报告

试验报告应包括以下内容:

①试件概况,包括对应的伸缩装置型号、试件编号,并附简图。

②试验机性能及配置描述。

③试验过程中出现的异常现象描述。

④完整的试验记录,包括试验评定结果,并附试验照片。

A.5 风化

A.5.1 概述

风化是在阳光、降水等自然条件下暴露在大气中的土工合成屏障的降解。它本质上是光氧化作用,主要的刺激物是紫外线辐射。对暴露于风化的 GBR 的耐久性进行测量的测试,可以是直接或间接的。

根据 A.7.6.1.2 要求进行耐候测试,但 GBR 材料不暴露于紫外线或材料将在部署后 3 天内覆盖的应用除外。此类耐候性有限的材料应在运输和储存前得到适当保护,直至应用点。A.7.6 给出了 GBR-C 的特殊规定。

A.5.2 直接试验和加速试验

在实践中使用两种类型的测试,即直接测试和加速测试。实时曝光测试用于确定紫外线对各种建筑材料的影响。直接测试可以提供有关暴露材料降解的有用信息,但在不受控制和可变的条件下具有延长测试时间的缺点。此类数据可能不具代表性。

替代实验室测试应使用加速方法。这通常涉及受控环境。在该环境中,样本暴露在交替的紫外线和喷水周期中。《土工合成墙 隧道和相关结构施工所需的特性》(BS

EN13491—2018)中介绍了这样的测试。

此类测试中的主要变量为:灯发出的波长和能量、试样表面温度、紫外线照射(喷水)循环的频率、紫外线照射的总时间和总的测试时间。

所有上述因素都会影响获得的结果,并在《土工合成墙 隧道和相关结构施工所需的特性》(BS EN13491—2018)中进行了定义。

《土工合成墙 隧道和相关结构施工所需的特性》(BS EN13491—2018)中的暴露时间与特定位置的实时阳光暴露之间的关系是评估测试结果的重要考虑因素。

南欧国家的年总辐射量为 $3 \sim 6$ GJ/m^2。假定平均值为 4.5 GJ/m^2。紫外线辐射暴露(波长<400 nm 的辐射)为每年的 $6\% \sim 9\%$ 或 350 MJ/m^2。

《土工合成墙 隧道和相关结构施工所需的特性》(BS EN13491—2018)中的辐射暴露量限制为 50 MJ/m^2,仅相当于南欧大约一个夏季。由于测试辐照度约为 40 W/m^2,应在 6 h 内中断 1 h,因此标准测试持续时间约为 430 h。为有效地模拟为期一年的现场平均欧洲条件,所需的测试时间应为 3 000 h。

实践证明,基于辐射暴露的加速老化和自然老化之间的比较大致正确,尽管个别情况下的误差可能超过50%。温度、海拔、湿度和实时测试中,使用的设备对相关性有显著影响。

A.5.3 暴露期

A.5.3.1 概述

可以确定为三类暴露。这些都是:

不暴露在阳光下的土工合成屏障材料或材料将在安装后 3 天内被覆盖的应用。这种耐候性有限的材料将通过抗紫外线包装箔得到适当的保护,以便运输,并且这种保护在应用时不会被移除。此类应用包括隧道和其他地下结构的衬砌。这些应用不需要进行老化测试。

在施工期间,土工合成屏障材料的暴露时间最长为一年,但设计将要求提供填充或覆盖材料,以便在设施的整个生命周期内正常使用时不会暴露在外。主要应用在固体废物填埋场和一些水库、水坝和运河的衬里。对于这些应用,暴露期的要求参见 A.5.3.2。

土工合成屏障材料在结构的整个生命周期(假设为 25 年的使用寿命)的正常运行期间暴露的应用,包括水库、运河、水坝和液体废物处理,其中设计未规定土工合成屏障的覆盖保护。对于这些应用,暴露期的要求参见 A.5.3.3。

评估方法将符合《土工合成墙 隧道和相关结构施工所需的特性》(BS EN13491—2018)的相关规定。但是,适用于每种屏障类型的拉伸试验方法参见表 A.10。验收标准是不超过原始拉伸断裂强度的25%和断裂伸张率。

A.5.3.2 长达一年的暴露期要求

GBR-P 试样应按照《土工合成墙 隧道和相关结构施工所需的特性》(BS EN13491—2018)进行测试,辐射暴露量为 350 MJ/m^2,预计暴露时间为 3 000 h。评价试验和验收标准应符合 A.5.3 中有关材料的规定。测试的持续时间应在文件报告中体现。

A.5.3.3 暴露时间超过一年

在现场暴露超过一年的情况下,制造商应在申请中提供声明的 25 年使用寿命的风化持续时间。这应有技术理由的支持。

A.6 使用寿命长达 5 年的产品

附录 A 未包含筛选测试的 GBR,只要不包含可生物降解材料并且用于 pH 值为 4~9 的天然土壤中和在温度≤25 ℃的土壤中,此类产品可能包含 PCM 或 PIM。

产品信息应说明:"预计在 4≤pH≤9 和土壤温度≤25 ℃的天然土壤中可耐用 5 年。"

A.7 其他应用和 25 年、50 年的使用寿命

A.7.1 概述

GBR-B 产品可能由原始聚合物或再加工聚合物或这些聚合物的组合组成,可被认为在 pH 值为 4~9 且土壤温度≤25 ℃的天然土壤中足够耐用,前提是它通过了指定的相关材料测试服役生涯。

不同类型的 GBR-P 或 GBR-B 可以是单组分产品和由聚合物阻隔层和织物(土工布层)组成的多组分产品。

产品信息应说明:"根据测试方法的结果(参考相关部分和 A.8)的测试持续时间。"

多组分产品:

对于土工布背衬的 GBR-P,阻隔层应根据聚合物类型所述的程序单独测试。被测阻隔层的厚度应与土工布背衬成品中阻隔层的厚度相同。

土工布支持的 GBR-P 的土工布组件应根据 EN 13249、EN 13250、EN 13251、EN 13252、EN 13253、EN 13254、EN 13255、EN 13256、EN 13257、EN 13265 分别测试其耐久性(如果适用)。织物部件应满足 EN 13249、EN 13257 和 EN 13265 附录 A 在适当使用寿命期间的要求。

GBR-P 可以用聚合物从两侧覆盖的内层来生产。然后应根据表 A.1 至表 A.4 测试多组分 GBR-P 在成品(带内层)上的耐久性和最低厚度。对于这些测试,样品宽至少为 100 mm×100 mm。从老化样品的中心切出最小尺寸为 50 mm×200 mm 的样品。5 个样本必须在两个方向上进行测试。此外,根据表 A.1 至表 A.4,聚合物本身的耐久性将在相同组成和厚度但没有内层的阻隔层上进行测试。两个样品都应满足附件 A 在适当使用期限内的所有要求。

如果多组分 GBR-P 没有内层就无法生产,且内层由玻璃纤维制成,且质量小于 8 g/m²,则仅对成品和以下最低厚度进行耐久性评估,参见表 A.1 至表 A.4 的试验和要求。成品

应在适当的使用期限内满足附录 A 的所有要求。

在由 PVC-P 制成的多组分 GBR-P 的情况下,聚合物耐久性评估的主要标准是质量损失。成品的拉伸性能可能无法完全反映聚合物的耐久性。成品应在适当的使用期限内满足附录 A 的所有要求。

不符合上述标准的产品不在本标准范围内。

GBR-B 是多组分产品,除整个层系统外,沥青复合材料和土工布增强材料应根据 A.8 的相关部分和测试持续时间分别进行测试。

如果是多组分 GBR,产品信息应说明:"根据测试方法的结果,预计附着的薄膜、涂层或膜在 4≤pH≤9 和土壤温度≤25 ℃的天然土壤中具有耐久性(指定使用寿命)"。

对于带有聚合物改性膨润土的 GBR-C,产品信息应另外说明:"膨润土含有聚合物。"

对于所有 GBR-C,产品信息应注明:"安装后一天内覆盖。"

A.7.2　GBR-P PE 型试验

GBR-P 的 PE 型为 α-聚烯烃-共聚物型,按最终 GBR 的密度分类。

根据 EN ISO 1183 系列如下:

根据 EN ISO 1183 系列的最终产品密度:PE-HD,高密度聚乙烯≥0.940 g/cm^3,PE-LLD:线性低密度聚乙烯为 0.919~0.939 g/cm^3。

以下测试方法适用风化(A.5)、抗浸出性(A.8.4)、抗氧化性(A.8.5)、环境应力开裂(A.8.3)。

评估应按 A.9.2 和 A.9.3 进行。验收标准应符合 A.8.3 至 A.8.5。如果 A.9.2 的拉伸测试不可行,如对于没有光滑边缘的结构化产品,应将相同配方的光滑样品与结构化产品一起测试。根据 l_0=50 mm(A.9.2)的参考长度和剩余的氧化诱导时间,对光滑样品的剩余断裂拉伸强度和标称断裂应变进行评估,剩余氧化诱导时间是结构化样品的剩余氧化诱导时间。

耐环境应力开裂测试(A.8.3)不适用于非结晶聚合物,如 PE-LLD。但可能有用于特殊应用的 PE-LLD 产品,其密度更高,为 0.939 g/cm^3。对于这些产品,添加剂的含量可能更高。这种情况下,必须根据 A.8.3 的要求按 EN 14576 测试耐环境应力开裂性。

注意:PE-VLD 被视为 FPO 类型,在 A.7.3 中处理。

A.7.3　GBR-P FPO 型试验

GBR-P 的 FPO 类型的特征在于其聚合物含量。EN ISO 1183 系列的阻隔层密度如下:

①GBR-P EVA 型的主要成分是醋酸乙烯酯(VA)改性的聚乙烯,EVA 中的 VA 含量为 5%~20%,密度通常为 0.92~0.96 g/cm^3。其余成分是相容的聚合物或颜料、稳定剂和着色剂,它们会影响阻隔层的密度。

②FPP 是一种与乙烯的柔性丙烯共聚物。FPP-聚合物含量通常大于聚合物的 85%。

密度通常为 $0.89 \sim 0.91 \ \mathrm{g/cm^3}$。其余成分是相容的聚合物或颜料、稳定剂和着色剂,它们会影响阻隔层的密度。

③VLDPE 是一种非常线性的低密度聚乙烯,典型密度范围为 $0.910 \sim 0.918 \ \mathrm{g/cm^3}$。可能有用于特殊应用的 VLDPE 产品,其密度更高,为 $0.918 \ \mathrm{g/cm^3}$。对于这些产品,添加剂的含量可能更高,且必须根据 A.5.3 的要求按 EN 14576 测试耐环境应力开裂性。

④可能有用于特殊应用的 PE-VLD 产品,密度更高,为 $0.918 \ \mathrm{g/cm^3}$。对于这些产品,添加剂的含量可能更高,且必须根据 A.5.3 的要求按 EN 14576 测试耐环境应力开裂性。

以下测试方法适用风化(A.5)、抗浸出性(A.8.4)、抗氧化性(A.8.5)、环境应力开裂(A.8.3)。

评估应按照 A.9.2 和 A.9.3 进行。验收标准应符合 A.8.4 至 A.8.5。如果 A.9.2 的拉伸试验不可行,如对于没有光滑边缘的结构化产品,则应将相同配方的光滑样品与结构化产品。评估光滑样品的残余拉断应力、标称断裂应变(A.9.2)、剩余氧化诱导时间、结构化样品的剩余氧化诱导时间。

耐环境应力开裂测试(A.8.3)不适用于非结晶聚合物(PE-VLD)。但可能有用于特殊应用的 PE-VLD 产品,密度更高,为 $0.939 \ \mathrm{g/cm^3}$。对于这些产品,添加剂的含量可能更高。这种情况下,必须根据 A.8.3 的要求按 EN 14576 测试耐环境应力开裂性。

A.7.4　GBR-P EPDM 型试验

EPDM 是由乙烯(E)、丙烯(P)、二烯(D)制成的三元共聚物。在 GBR-P 的聚合物含量中,三元共聚物含量大于 95%。"M" 表示主碳链完全饱和。硫化随着硫的加入而发生。该产品确实包含以下组:EPD(>25%)、炭黑(>25%)、矿物填料(<25%)、炭黑+矿物填料(<55%),其余成分是油和硫化剂。

以下测试方法适用风化(A.5)、抗浸出性(A.8.4)、抗氧化性(A.8.5)、微生物抗性(A.8.2)。

评价应按照 A.9.2 进行。验收标准应符合 A.8.2、A.8.4 和 A.8.5。

A.7.5　由 PVC-P 制成 GBR-P 的试验

PVC-P 型 GBR-P 的主要成分是具有增塑剂含量的 PVC,其质量通常为 25% ~ 35%。

以下测试方法适用风化(A.5)、微生物抗性(A.8.2)、抗浸出性(A.8.4)、耐热老化性(A.8.5)。

评估应按照 A.9.2 和 A.9.4 进行。验收标准应符合 A.8.2、A.8.4 和 A.8.5。

A.7.6　黏土土工合成屏障试验(GBR-C)

A.7.6.1　GBR-C 的土工布组件

A.7.6.1.1　GBR-C 土工布组件的耐久性

GBR-C 土工布组件的典型原材料是聚丙烯(PP)和聚乙烯(PE)。用作土工布组件的所有原材料应在适当的使用寿命期间满足 EN 13249、EN 13257 和 EN 13265 附录 B 的共同要求。

应单独测试土工织物组件。如果在 GBR-C 中使用了其他组件,还应根据 EN 13249、EN 13250、EN 13251、EN 13252、EN 13253、EN 13254、EN 13255、EN 13256 的共同附录 B 的要求对它们进行耐久性测试。

A.7.6.1.2　GBR-C 土工布组件的风化

如果膨润土成分可以水合,GBR-C 应在 24 h 或更早的时间内用土壤或其他材料覆盖。在这些条件下,不需要对土工织物组件进行风化测试。

如果 GBR-C 在现场特定条件下不会水合或干燥,可能会在超过 24 h 后被覆盖。如果 GBR-C 配有水合膨润土且不会水合、干燥或收缩,可能会在 24 h 以上后被覆盖。对于这些条件,所有暴露的部件都应满足 EN 13249、EN 13257 和 EN 13265 附录 B 中关于耐候性的要求(表 B.1,其他应用)。

A.7.6.2　GBR-C 黏土组件

A.7.6.2.1　GBR-C 黏土的耐久性

对最终的 GBR-C 进行 25 年和 50 年的耐久性测试。对于多组分 GBR-C,见 A.7.6.3。该测试应在添加涂层、薄膜或膜之前在 GBR-C 上进行。

对于含有 GBR-C 的聚合物改性黏土,该试验应在未进行聚合物改性的相同 GBR-C 上进行(相同单位质量的黏土,使用相同种类的合成成分、生产技术等)。描述如下:

3 个具有相似质量的试验(单个试样的质量小于平均值的±5%);

应根据 ISO 11465 对黏土在安装到测试单元之前的含水率进行评估;

使用过的液体:$CaCl_2$,0.05 mol;

EN 16416 中描述的压力条件、水头;

如 EN 16416 所述,用去离子水进行预水合,直至达到恒定通量;

遵循 EN 16416 的基本原则;

评估和报告 10 ℃时的通量[(m³/(m²×s)];

验收标准是在 10 ℃时报告的通量值小于$1×10^{-7}$m³/(m²×s)。

根据 ASTM D 5890 测量原始黏土和渗透后黏土的自由膨胀(渗透测试后要求≤12 mL)。

同一生产工艺和原料但黏土质量不同的产品系列中,对满足耐久性要求的最低单位面积质量 GBR-C 进行试验,对黏土质量较高的产品进行耐久性试验。

每 5 年一次或改变配方。

A.7.6.2.2　GBR-C 黏土的风化

没有要求,因为黏土不受紫外线照射的影响。

A.7.6.3　多组分 GBR-C

A.7.6.3.1　概述

多组分 GBR-C 是带有附着薄膜、涂层或膜的 GBR-C。

层压 GBR-C：一种 GBR-C 产品，至少有一层薄膜或膜层叠置并通过黏合剂通常在热合压力下黏合到 GBR-C 上；

涂层 GBR-C：一种 GBR-C 产品，其中至少有一层合成物质（如聚烯烃、沥青或其他）以流体形式应用于 GBR-C 并使其固化。

A.7.6.3.2　附着薄膜、涂层或薄膜的耐久性

如果附着的薄膜、涂层或薄膜有助于整个产品的长期性能，应在与 GBR-C 组合之前对其耐久性进行测试。如果是涂层，应在涂层材料的压制板上进行测试，考虑到 A.5 和 A.6 中的应用层尺寸和聚合物类型。

A.7.6.3.3　附着膜、涂层或膜的风化

多组分 GBR-C 应在同一工作日（或 24 h 内）或更早，如果黏土组分可以水合，用土壤或其他材料覆盖。对于这些条件，不需要测试阻隔组件的耐候性。

A.8　GBR-P 的耐久性测试

A.8.1　简介

确定土工合成屏障耐久性的所有测试都是通过将样品暴露在受控条件下的模拟或加速环境中（暴露测试）进行的，然后对暴露的样品进行一项或多项选定的物理、机械测试（即评估测试）。将评估测试结果与未暴露对照样品的相同测试结果进行比较，为测试可接受性提供了基础。该规则的唯一例外是抗环境应力开裂测试，其中暴露和评估包括在一个程序中。

在任何情况下，用于评估测试的样品都应在暴露后从暴露的测试板上切下。

如果一种特定的土工合成屏障是以不同等级制造的，它们仅厚度彼此不同，可以只测试具有最低厚度等级。但是，如果随后选择较厚的等级以满足相关测试中推荐的耐久性性能水平，也应测试该厚度等级。

A.8.2　微生物抗性

GBR 样品应根据 EN 12225 进行测试。评估测试和验收标准应根据 A.9 中相关子条款对相关材料的规定。

A.8.3　耐环境应力开裂

GBR-P 样品应按照 EN 14576 进行测试（单点测试，30% 的拉伸屈服应力和 50 ℃温度）。

试样应根据测得的拉伸屈服应力从最弱的方向取样。

试验报告应说明在 336 h（2 周）内发生的任何失效是否是由于伸长而不断裂，这种失效是否应视为符合要求。

对于厚度不大于 1.0 mm 的 GBR-P，应在厚度不小于 1.0 mm 的相同配方的样品上

进行测试。

对于带有纹理表面的 GBR-P,测试应在具有光滑表面的相同材料的样品上进行。此类标本应取自以下来源之一:

①制造前纹理化阶段的光滑表面 GBR-P(如果适用)。

②取自轧辊边缘的任何光滑表面焊接边的试样。

③一种光滑的 GBR-P,其配方与用于纹理 GBR-P 的配方相同。

A.8.4　抗浸出性

GBR-P 样品应按照规定测试其耐指定液体浸出的能力。

表 A.3 给出了试验温度和试验时间。

不同聚合物的评估测试和验收标准的具体条件见表 A.3。

应报告测试和评估结果以及任何可见的退化迹象。

A.8.5　抗氧化/热老化

应根据 EN 14575 对 GBR-P 样品的抗氧化性进行测试,并按照表 A.4 进行以下修改:测试温度和测试持续时间在表 A.4 中给出。

注:高压釜法正在进一步开发中,用于测定聚烯烃的抗氧化性。当有足够的数据可用于土工布和土工布相关产品时,打算将其作为替代方法包含在本标准的未来修订中。

评估测试和验收标准应按照相关材料的规定执行。

A.9　GBR-P 和 GBR-C 的评估测试

A.9.1　概述

A.9.2 至 A.9.5 中定义了用于评估不同 GBR 的属性。验收标准在表 A.1 至 A.4 中定义。表 A.1 至 A.4 描述了对当前测试标准的修改。

A.9.2　拉伸性能比较评价

从暴露和未暴露样品中取出的样品应使用适合于 A.1 至 A.9 中规定的土工合成屏障类型的拉伸测试方法进行测试。每个 GBR-P 的验收标准在表 A.2 到表 A.4 中定义。对于 GBR-C,验收标准应为至少 50% 保留强度的保留值(无伸长标准)。

对 PVC-P 和 FPO 型 GBR-P 进行耐久性试验后评价的拉伸试验,应以 100 mm/min 的速度进行。

A.9.3　通过比较氧化诱导时间(OIT)值进行评估

对于 GBR,拉伸强度和断裂伸张率测量不足以评估耐久性,因为它们依赖于额外的稳定剂来提供抗氧化性。

以下测试的评估也将根据暴露样品与未暴露样品的氧化诱导时间（OIT）的比较进行。

从暴露样品中取出的 3 个样品,应按照 EN ISO 11357-6（标准 OIT）进行测试。如有可能,试样应在老化样品的整个宽度上取样。验收标准是表 A.3 和表 A.4 中定义的 OIT 值。或者,可以使用根据 ASTM D5885 的高压 OIT（HP-OIT）。

A.9.4　质量变化评价

GBR 样品应通过测量单个样品的质量损失（根据适当的测试方法干燥后,如在测量质量之前,样品必须干燥直到质量损失不超过 0.1%）来评估。根据 EN ISO 9864,在曝光前后测量。验收标准在表 A.1 至表 A.4 中定义。

A.9.5　透水性变化评价

GBR-C 试样应根据 EN 16416 进行评估,且应声明暴露和未暴露的透水率值（以通量为单位）。暴露样品的水通量与未暴露样品的水通量之比不应超过 5。

A.10　GBR-B 的耐久性测试

A.10.1　概述

GBR-B 是由聚合物改性沥青化合物制成的产品,用土工布加固,两面涂有防黏薄层（细砂或颗粒、滑石、易熔或离型膜、薄无纺布）。

聚合物改性沥青化合物是石油沥青和热塑性聚合物的混合物:来自三嵌段 SBS（线性或径向或混合）系列的热塑性橡胶,按一定比例小于 20%,用于弹性沥青;或来自无规立构和（或）全同立构聚丙烯家族的热塑性聚烯烃,用于塑性沥青的无定形 α 聚烯烃比例小于 30%。

确定沥青土工合成屏障耐久性的所有测试都是通过将样品暴露于受控条件下的模拟或加速环境（暴露测试）进行的,然后对暴露的样品进行一项或多项选定的物理、机械性能测试（评估测试）。将评估测试结果与未暴露对照样品的相同测试结果进行比较,通常为可接受性提供基础。

在任何情况下,用于评估测试的样品都应在暴露后从暴露的测试板上切下。

对于耐久性评估,其厚度应按表 A.1 中的相关条款确定。

如果一种特定的沥青土工合成屏障是以不同等级制造的,它们的厚度仅彼此不同,可以只测试具有最低厚度等级。

以下测试方法适用风化（A.10.6）、抗浸出性（A.10.4）、微生物抗性（A.10.2）、抗氧化/热老化（A.10.5）。

评估应按照 A.11 所述的过程进行。

A.10.2 微生物抗性

GBR-B 样品应根据 EN 12225 进行测试。

温度、湿度和试验时间见表 A.5。表 A.5 给出了评估测试和验收标准,并进行了以下修改:合拉伸试验在 60 mm×20 mm×2 mm 的样品上进行,速度为 300 mL/min。

A.10.3 抗环境应力开裂

GBR-B 对应力开裂不敏感。

A.10.4 抗浸出性

GBR-B 样品应按照以下规定测试其对指定液体的抗浸出性。

EN 14415 中有以下规定:试验过程中不需要搅拌,应使用符合 EN ISO 3696 的 3 级水。每周换水一次,直到暴露 28 d,然后每 14 d 换一次水。

表 A.7 给出了试验温度和试验时间。

表 A.7 也给出了评估测试和验收标准,并进行了以下修改:

①复合环和球的软化点温度测量,需要加热环并将 2 块复合板平滑焊接在一起才能达到环的厚度。

②对于复合质量变化,对 150 mm×150 mm×2 mm 的板称重。

③可以使用直径为 60 mm×2 mm 的圆盘。

④应报告任何可见的退化迹象。

表 A.7 所示为不同沥青化合物和用作加固的土工布的测试标准。当玻璃绒仅用于生产目的时,不应进行测试。

A.10.5 抗氧化/热老化

应根据 EN 14575 对 GBR-B 样品的抗氧化性进行测试,并按照表 A.8 进行以下修改。

表 A.8 给出了测试温度和测试持续时间。评价试验和验收标准应符合规定。

A.10.6 耐候性

应根据 EN 12224 对 GBR-B 样品的耐候性进行测试,并按照表 A.9 进行修改。

表 A.9 给出了测试温度和测试持续时间。

评估测试和验收标准应符合 A.5.3.2 的规定要求。

A.11　GBR-B 的评估测试

A.11.1　概述

GBR-B 的评估特性在 A.7 中定义。验收标准在表 A.5 至表 A.9 中定义。表 A.5 至表 A.9 所示为对当前测试标准的修改。

A.11.2　拉伸性能比较评价

从暴露和未暴露样品中取出的 GBR-B 试样应使用欧洲标准中规定的拉伸试验方法进行试验。验收标准在表 A.5 至表 A.9 中定义。对于化合物,试样在 A.10.2 中定义。规格和验收标准在表 A.5 至表 A.9 中定义。

A.11.3　质量变化评价

GBR-B 样品应通过测量单个样品的质量损失(根据适当的测试方法干燥后,如在测量质量之前,样品应干燥至质量损失不超过 0.1%)来评估,在暴露前后测量。验收标准在表 A.7 中定义。

对于化合物的质量变化,试样尺寸在 A.10.4 中定义,规格和验收标准在表 A.7 中定义。

A.11.4　透水性评价

GBR-B 试样应根据 EN 14150 进行评估,并应测量热氧化后的透水率值。规范在表 A.8 中定义。

A.11.5　高温流阻评价

GBR-B 试样应按照 A.7 中定义的 EN 1110 进行评估,规格和验收标准在表 A.8 中定义。

A.11.6　低温柔韧性评价

GBR-B 试样应按照 A.7 中定义的 EN 1109 进行评估。规范和验收标准在表 A.8 中定义。

A.11.7　环球软化点温度的评价

应根据 A.7 中定义的 EN 1427 评估复合环和球软化点温度。规格和验收标准在表 A.7 至表 A.9 中定义。

表 A.1　微生物抗性试验和验收标准

类型	名称	25 年使用寿命	50 年使用寿命	评估测试和验收标准
PE 型	PE-HD	无须测试即可耐受	无须测试即可耐受	—
	PE-LLD	无须测试即可耐受	无须测试即可耐受	—
FPO 型	PE-VLD	无须测试即可耐受	无须测试即可耐受	—
	FPP	无须测试即可耐受	—	—
	EVA	无须测试即可耐受	无须测试即可耐受	—
热固性弹性体	EPDM	根据 EN 12225	根据 EN 12225	A.6.2　根据 EN 12311-2 方法,≥75%断裂残余拉伸强度和断裂残余应变,检测表面开裂,程序 GM16 额外检测抗撕裂性
PVC 型	PVC-P	根据 EN 12225	根据 EN 12225	A.6.2　≥75%断裂残余拉伸强度和断裂残余应变根据 EN ISO 527-3 的说明;在土工布背衬层的情况下,根据 A.4.1、A.6.4;根据 EN 1849-2 采样,使用 5 个样本进行修改;根据 EN 1849-2,质量变化小于 10%

注:"—"表示测试参数尚未定义。

表 A.2　环境应力开裂试验和验收标准

类型	名称	25 年使用寿命	50 年使用寿命
PE 型	PE-HD	5 次试验试样失效平均时间大于 336 h;声明和测试值	5 次试验的试样平均失效时间大于 336 h;声明和测试值
	PE-LLD	不相关[a]	不相关[a]
FPO 型	PE-VLD	不相关[a]	不相关[a]
	FPP	不相关	—[b]
	EVA	不相关	不相关
热固性弹性体	EPDM	不相关	不相关
PVC 型	PVC-P	不相关	不相关

注:a.如果最终产品密度大于 0.939 g/cm³,将进行测试。

　　b."—"表示测试参数尚未定义。

表 A.3　耐浸出试验和验收标准

类型	名称	25 年使用寿命	50 年使用寿命
PE 型	PE-HD	在 80 ℃的水中 28 天,保留断裂拉伸应力和保留断裂伸长率≥75%;OIT 在 200 ℃大于 40 min 或者 320 min 剩余的 HP-OIT	在 80 ℃水中 56 天,保持断裂拉伸应力并保持断裂伸长率≥75%;OIT 在 200 ℃不小于 25 min 或者剩余 320 minHP-OIT
PE 型	PE-LLD	在 80 ℃的水中 28 天,保留断裂拉伸应力和保留断裂伸长率≥75%;OIT 在 200 ℃大于 40 min 或者 320 min 剩余的 HP-OIT	在 80 ℃水中 56 天,保持断裂拉伸应力并保持断裂伸长率≥75%;OIT 在 200 ℃不小于 25 min 或者剩余 320 minHP-OIT
FPO 型	PE-VLD	在 80 ℃的水中 28 天,保留断裂拉伸应力和保留断裂伸长率≥75%;OIT 在 200 ℃大于 40 min 或者 320 min 剩余的 HP-OIT	在 80 ℃水中 56 天,保持断裂拉伸应力并保持断裂伸长率≥75%;OIT 在 200 ℃不小于 25 min 或者剩余 320 minHP-OIT
	FPP	在 80 ℃的水中 28 天,保留断裂拉伸应力和保留断裂伸长率≥75%	—
	EVA	在 80 ℃的水中 90 天,保留断裂拉伸应力和保留断裂伸长率≥75%,200 ℃时初始 OIT 的 35%	在 80 ℃的水中 180 天,保留断裂拉伸应力和保留断裂伸长率≥75%,200 ℃时初始 OIT 的 25%
FPO 型	EPDM	在 80 ℃的水中 28 天,保留断裂伸长率≥70%、保留抗拉强度≥80%	在 80 ℃的水中 56 天,保留断裂伸长率≥70%、保留抗拉强度≥80%
增塑 PVC 型	PVC-P	在 70 ℃的水中 180 天,保留断裂伸长率≥75%,保留的抗拉强度要报告,质量变化≤10%	在 70 ℃的水中 360 天,保留断裂伸长率≥75%,保留的抗拉强度要报告,质量变化≤10%

表 A.4　抗热氧化性试验和验收标准

类型	名称	25 年使用寿命	50 年使用寿命
PE 型	PE-HD	在 80 ℃下 90 天,保留断裂拉伸应力和保留断裂伸长率≥75%,剩余 OIT 在 200 ℃不小于 30 min 或者 150 ℃下的剩余 HP-OIT≥320 min	在 80 ℃下 180 天,保留断裂拉伸应力和保留断裂伸长率≥75%,剩余 OIT 在 200 ℃不小于 15 min 或者 150 ℃下的剩余 HP-OIT≥320 min

续表

类型	名称	25 年使用寿命	50 年使用寿命
PE 型	PE-LLD	在 80 ℃下 90 天,保留断裂拉伸应力和保留断裂伸长率≥75%,剩余 OIT 在 200 ℃不小于 30 min 或者 150 ℃下的剩余 HP-OIT≥320 min	在 80 ℃下 180 天,保留断裂拉伸应力和保留断裂伸长率≥75%,剩余 OIT 在 200 ℃≥15 min 或者 150 ℃下的剩余 HP-OIT≥320 min
FPO 型	PE-VLD	在 80 ℃下 90 天,保留断裂拉伸应力和保留断裂伸长率≥75%,剩余 OIT 在 200 ℃不小于 30 min 或者 150 ℃下的剩余 HP-OIT≥320 min	80 ℃下 180 天,保留断裂拉伸应力和保留断裂伸长率≥75%,剩余 OIT 在 200 ℃不小于 15 min 或者 150 ℃下的剩余 HP-OIT≥320 min
	FPP	在 80 ℃下 90 天,保留拉伸强度和保留断裂伸长率≥75%	—
	EVA	在 80 ℃下 90 天,保留拉伸强度和保留断裂伸长率≥75%,200 ℃时初始 OIT 的 35%	在 80 ℃下 180 天,保留拉伸强度和保留断裂伸长率≥75%,200 ℃时初始 OIT 的 25%
热固性弹性体	EPDM	在 80 ℃下 90 天,保留断裂伸长率≥60%,保留抗拉强度≥75%	在 80 ℃下 180 天,保留断裂伸长率≥50%,保留抗拉强度≥75%
增塑 PVC 型	PVC-P	在 70 ℃下 180 天,保留断裂伸长率≥75%,保留的抗拉强度要报告,质量变化≤10%	在 70 ℃下 360 天,保留断裂伸长率≥75%,保留的抗拉强度要报告,质量变化≤10%

表 A.5 微生物抗性测试和验收标准

类型	名称	25 年使用寿命	50 年使用寿命	评估测试和验收标准
GBR-B 弹性体和塑性体	复合物和 GBR-B	50 年使用寿命的测试条件和要求同样适用于 25 年使用寿命	根据 EN 12225,在 26 ℃相对湿度 95% 的土壤中放置 16 周	①弹性沥青化合物: 拉伸试验:拉伸强度和断裂伸长率值变化小于 50%; ②塑性沥青化合物:根据 EN 1427,环球软化点温度≥30 ℃; ③GBR-B: 拉伸试验:根据 EN 12311-1,MD 中的拉伸强度和断裂伸长率值变化小于 25%

表 A.6 环境应力开裂试验

名称	25 年使用寿命	50 年使用寿命
GBR-B 弹性体和塑性体	不相关	不相关

表 A.7 耐浸出试验和验收标准

类型	名称	25 年使用寿命	50 年使用寿命	评估测试和验收标准
GBR-B 弹性体和塑性体	复合物和 GBR-B	50 年使用寿命的测试条件和要求同样适用于 25 年使用寿命	在 50 ℃的水中 56 天	①沥青化合物:根据 EN 1427,环球软化点温度≥100 ℃的弹性体和≥130 ℃塑性体;根据 EN 1849-1,质量变化小于 5%; ②GBR-B: 拉伸试验:根据 EN 12311-1,MD 的拉伸强度和断裂伸长率值变化小于 25%
	GTX-N (聚酯纤维)	50 年使用寿命的测试条件和要求同样适用于 25 年使用寿命	根据 EN 13249、EN 12447,在 80 ℃的水中 28 天	拉伸试验:MD≥50%残余拉伸强度;应评估根据 ASTM D7409 的羧基端基(CEG)含量和根据 ASTM D4603 的平均分子量(Mn)

表 A.8 抗热氧化性测试和验收标准

类型	名称	25 年使用寿命	50 年使用寿命	评估测试和验收标准
GBR-B 弹性体和塑性体	复合物和 GBR-B	50 年使用寿命的测试条件和要求同样适用于 25 年使用寿命	在 70 ℃放置 180 天	①沥青化合物:根据 EN 1427,弹性体的软化点温度≥90 ℃,塑性体的软化点温度≥120 ℃ ②GBR-B: 拉伸试验:根据 EN 12311-1,MD 的拉伸强度和断裂伸长率值变化小于 25%;低温柔韧性:根据 EN 1109,弹性体≤-5 ℃,塑性体≤0 ℃;高温下的耐热流动性:根据 EN 1110,弹性体≥90 ℃,塑性体≥110 ℃;透水性符合 EN 14150,≤10^{-5} m³/(m²·d)

表 A.9 耐气候性测试和验收标准

类型	名称	老化条件	评估测试和验收标准
GBR-B 弹性体和塑性体	复合物和 GBR-B	根据 EN 12224,5h UV 50 ℃干燥/1 h 水 25 ℃3 000 h	①沥青化合物:根据 EN 1427,弹性体的软化点温度≥100 ℃,塑性体的软化点温度≥130 ℃; ②GBR-B: 拉伸试验:根据 EN 12311-1,纵向拉伸强度和断裂伸长率值变化小于 25%;暴露面的低温柔韧性:根据 EN 1109,≤-5 ℃(弹性体)和≤0 ℃(塑性体); 高温下的耐热流动性:根据 EN 1110,弹性体≥100 ℃,塑性体≥120 ℃

表 A.10　隧道和地下结构施工中使用的土工合成屏障功能、功能相关特性和使用的测试方法

序号	待测属性		土工合成屏障			测试方法			备注
			GBR-P	GBR-B	GBR-C	GBR-P（聚合物）	GBR-B（沥青）	GBR-C（黏土）	
1	物理性质	厚度	A	A	—	EN ISO 9863-1	EN 1849-1	—	对于无法根据 EN ISO 9863-1 进行测试的产品，如土工布背衬的 GBR-P，EN 1849-2 适用
2		单位面积质量	A	A	A	EN 1849-2	EN 1849-1	EN 14196	—
3		液密性	A	A	A	EN 14150	EN 14150	EN 16416	测试液体是水。报告 GBR-C 的价值指数通量和 GBR-P、GBR-B 的渗透率
4	水力特性	膨胀指数	—	—	A	—	—	ASTM D5890	—
5		透气性	S	S	S	ASTM D1434	ASTM D1434	EN ISO 10773	—
6	机械性能	抗拉强度	A	A	A	PE-HD 和 PE-LLD：ENISO 527-3，样品类型 5； FPO、PVC-P 同质：EN ISO 527-3，样品类型 5（参考测试方法）等效于 EN 12311-2，方法 B； FPO、PVC-P 多组分：EN 12311-2 方法 A（参考测试方法）相当于 EN ISO 527-4，标本类型 2；宽度：50 mm； 三元乙丙橡胶同质：EN 12311-2，方法 B； EPDM 多组分：EN 12311-2，方法 A	EN 12311-1	EN ISO 10319	PE-HD 和 PE-LLD：$v = 100$ mm/min，以 N/mm^2 为单位报告的断裂拉伸应力； FPO、PVC-P 同质：$v = 100$ mm/min，如果断裂伸长率大于 400%，测试速度为 500 mm/min，以 N/mm^2 为单位报告的最大抗拉强度； FPO、PVC-P 多组分：$v = 100$ mm/min，以 N/50mm 为单位报告的最大张力； 三元乙丙橡胶同质：$v = 100$ mm/min，如果断裂伸长率大于 400%，测试速度为 500 mm/min，以 N/mm^2 为单位报告的最大抗拉强度； EPDM 多组分：$v = 100$ mm/min，以 N/50mm 为单位报告的最大拉力

序号	类别	性能				测试方法			备注
7	机械性能	伸长	A	A	A	PE-HD 和 PE-LLD:EN ISO 527-3,样品类型 5; FPO、PVC-P 同质:EN ISO 527-3,样品类型 5(参考测试方法)等效于 EN 12311-2,方法 B; FPO、PVC-P 多组份:EN 12311-2,方法 A(参考测试方法)等效于 EN ISO 527-4;标本类 2;宽度:50 mm; 三元乙丙橡胶同质:EN 12311-2,方法 B; EPDM 多组分:EN 12311-2,方法 A	EN 12311-1	EN ISO 10319	PE-HD 和 PE-LLD:参考长度 l_0 = 50 mm,v = 100 mm/min,报告断裂伸长率; FPO、PVC-P 同质:v=100 mm/min,如果断裂伸长率大于 400%,测试速度为 500 mm/min,报告断裂伸长率; FPO、PVC-P 多组分:v=100 mm/min,以百分数报告的最大拉力伸长率; 三元乙丙橡胶同质:v=100 mm/min,如果断裂伸长率大于 400%,测试速度为 500 mm/min,报告断裂伸长率; EPDM 多组分:v=100 mm/min,以百分数报告的最大拉力伸长率
8		静态穿刺	A	A	A	EN ISO 12236	EN ISO 12236	EN ISO 12236	—
9		爆破强度和伸长率	S	S	S	EN 14151	EN 14151	EN 14151	该测试仅适用于 GBR-C,前提是它们包含聚合物或沥青阻隔元件
10		撕裂强度	S	S	—	ISO 34-1	EN 12310-1	—	对于 GBR-P,使用 ISO 34-1:2015,方法 B,角度试样,速度为 50 mm/min,无缺口
11	热性能	低温行为(弯曲)	S	S	—	EN 495-5	EN 1109	—	—
12		热膨胀	A	—	—	ASTM D696	—	—	—

141

序号		特性							备注
13	耐用性	风化	S	S	—	EN 12224	EN 12224	—	—
14		微生物	S	S	S	EN12225	EN 12225	EN 12225	—
15		氧化	A	A	A	EN 14575	EN 14575	EN 14575	EN ISO 13438 适用于 GBR-C 的土工织物元件和增强纱线
16		环境应力开裂	A	—	S	EN 14576	—	EN 14576	EN 14576 适用于具有半结晶结构的 GBR-P；如果 GPR-P 大于 0.5 mm 且小于 1.0 mm，则 EN 14576 测试应使用相同的成分在 1.0～1.5 mm 的厚度进行；为估计热固性弹性体的暴露耐久性，由于半结晶材料不能在环境应力开裂测试（EN 14576）之后进行测试，臭氧应力开裂测试应根据 EN 1844 进行，并使用参考的拉伸强度测量值进行评估和按照附录 B 的暴露试样
17		耐化学性	S	S	S	EN 14414	EN 14414	EN 14414	耐化学性测试应根据现场的具体情况进行；这应仅限于考虑铺设材料的基材和（或）所含的化学品
18		润湿/干燥	—	—	S	—	—	CEN/TS 14417	—
19		冷冻/解冻	—	—	S	—	—	CEN/TS 14418	—
20		根穿透	S	S	S	CEN/TS 14416	CEN/TS 14416	CEN/TS 14416	—
21		对火的反应	A	A	A	EN ISO 11925-2	EN ISO 11925-2	EN ISO 11925-2	—

注：①95% 置信水平对应于平均值减去（和或加）一个容差值（见附录 ZA，表 ZA. 1 列注）。平均值和公差值均由制造商定义，以代表产品对相应特性的性能（这两个值不一定基于统计计算）。

②代码的相关性：A 表示适用于所有使用条件，S 表示与具体使用条件相关，"—"表示该特性与该产品无关。

特定地点的特定应用案例可能包含对附加性能和最好是标准化的测试方法的要求,如果它们在技术上相关并且与欧洲标准不冲突。应该确定产品的设计寿命,因为它的功能可能是临时的,作为施工的权宜之计,也可能是永久性的,对于结构的寿命。

表 A.11　待测样品数量和合规标准

特征	测试/样品数量	合格标准
抗拉强度	5 MD/5 CMD	未定义
静态穿刺(CBR 测试)	5	未定义
液密性(透水性相应的水通量指数)	1	未定义
伸长	5 MD/5 CMD	未定义
耐用性	见附录 A	见附录 A

表 A.12　GBR-P 的 FPC 测试的最低频率(FPC-工厂生产控制)

特性	测试方法	测试频率	备注
液密性(透水性)	EN 14150	每种配方一次,但每 5 年不少于一次测试	仅测试最低制造厚度
抗拉强度	EN 12311-1, EN ISO 527-1, EN ISO 527-2, EN ISO 527-3	每个生产日一次	—
静态穿刺	EN ISO 12236	每个生产日一次	—
伸长	EN 12311-2, EN ISO 527-1, EN ISO 527-2, EN ISO 527-3	每个生产日一次	—
耐用性	—	—	—
厚度	EN 1849-2, EN ISO 9863-1(且见附录 A)	每个生产日一次	—
风化	EN 12224(且见附录 A)	每种配方一次,但每 5 年不少于一次测试	仅测试最低制造厚度
微生物	EN 12225(且见附录 A)	每种配方一次,但每 5 年不少于一次测试	仅测试最低制造厚度
氧化	EN 14575(且见附录 A)	每种配方一次,但每 5 年不少于一次测试	仅测试最低制造厚度
环境应力开裂	EN 14576(且见附录 A)	每 1 000 t 产品或更换配方时一次测试	聚烯烃 GBR-P 仅符合 A.6 的要求;EN 14576 适用于具有半结晶结构的 GBR-P
浸出	EN 14415(且见附录 A)	每种配方一次,但每 5 年不少于一次测试	仅测试最低制造厚度

注:①"配方"包括特定的原材料类型(制造商),以及所有添加剂或其他成分的类型和使用比例。
　　②如果制造商在同一制造地点经营多条生产线,上述测试频率是指"每条生产线"。

表 A.13　GBR-B 的 FPC 测试的最低频率(FPC-工厂生产控制)

特性	测试方法	测试频率	备注
液密性 (透水性)	EN 14150	每种配方一次,但每 5 年不少于一次测试	仅测试最低制造厚度
抗拉强度	EN 12311-1	每个生产日一次	—
静态穿刺	EN ISO 12236	每个生产日一次	—
伸长	EN 12311-1	每个生产日一次	—
耐用性	—	—	—
厚度	EN 1849-1(且见附录 A)	每个生产日一次	—
风化	EN 12224(且见附录 A)	每种配方一次,但每 5 年不少于一次测试	仅测试最低制造厚度
微生物	EN 12225(且见附录 A)	每种配方一次,但每 5 年不少于一次测试	仅测试最低制造厚度
氧化	EN 14575(且见附录 A)	每种配方一次,但每 5 年不少于一次测试	仅测试最低制造厚度
浸出	EN 14415(且见附录 A)	每种配方一次,但每 5 年不少于一次测试	仅测试最低制造厚度

注:①"配方"包括特定的原材料类型(制造商),以及所有添加剂或其他成分的类型和使用比例。
　　②如果制造商在同一制造地点经营多条生产线,上述测试频率是指"每条生产线"。

表 A.14　GBR-C 的 FPC 测试的最低频率(FPC-工厂生产控制)

特性	测试方法	测试频率	备注
液密性 (透水性)	EN 16416	每 25 000 m^2 测试一次或更改配方	—
抗拉强度	EN ISO 10319	每 20 000 m^2 测试一次或更改配方	—
静态穿刺	EN ISO 12236	每 50 000 m^2 测试一次或更改配方	—
伸长	ENISO 10319	每 20 000 m^2 测试一次或更改配方	—
耐用性	—	—	—
氧化	EN ISO 13438(且见附录 A)	每 5 年测试一次或更改配方	—

续表

特性	测试方法	测试频率	备注
液密性	A.4.6.2.1(且见附录 A)	每 5 年测试一次或更改配方	仅测试每单位面积的最低制造黏土质量; 如果在黏土组分中使用聚合物,在没有聚合物添加剂的情况下测试液体密封性; 如果使用多组分 GBR-C,在没有多组分屏障的情况下测试 GBR-C 的液密性

注:① "配方"包括特定的原材料类型(制造商),以及所有添加剂或其他成分的类型和使用比例。
② 如果膨润土中使用聚合物,应在 DoP 中的液密性下注明。
③ 如果 GBR-C 有附着的涂层、薄膜或膜,且它没有长期功能或没有经过耐久性、耐候性或耐化学性测试,应在 DoP 中的耐久性下明确说明。
④ 如果制造商在同一制造地点经营多条生产线,上述测试频率是指"每条生产线"。

附录 B　水泥混凝土抗压强度评定

B.0.1　评定水泥混凝土的抗压强度,应以标准养生 28 天龄期的试件、在标准试验条件下测得的极限强度为准,试件应为边长为 150 mm 的立方体,大体积混凝土标准养生龄期设计另有要求的应从其要求。每组试件 3 个。

如果用钻取芯样来检测混凝土强度,可按《钻芯法检测混凝土强度技术规程》(CECS 03:2007)进行。

根据《公路工程质量检验评定标准　第一册　土建工程》(JTG F80/1—2017)条文说明 10.14 的规定:要求衬砌施工前进行初期支护断面检测,发现严重侵限现象,及时处理,以避免造成二次衬砌厚度严重不足。同时,进行初期支护背部回填密实度检测,发现有不密实问题及时进行处理。

附录 C　地质雷达检测隧道支护(衬砌)质量方法

根据《公路工程质量检验评定标准　第一册　土建工程》(JTG F80/1—2017)的规定,地质雷达检测隧道支护(衬砌)质量方法(简称"地质雷达法"),适用于探测隧道支护(衬砌)厚度、背后的回填密实度和内部钢架、钢筋等分布的情况。

地质雷达主机的技术指标如下:
①系统增益不低于 150 dB。
②信噪比不低于 60 dB。
③模/数转换不低于 16 位。
④采样间隔一般不大于 0.2 ns。

⑤信号叠加次数可选择或自动叠加。

⑥数据的触发和采集模式为距离/时间/手动。

⑦具有点测与连续测量功能。

⑧具有手动或自动位置标记功能。

⑨具有现场数据处理功能。

地质雷达天线的选择应符合下列规定：

①应选择有屏蔽功能的天线。

②垂直分辨率应高于 2 cm。

③用于探测隧道支护(衬砌)背后的回填密度时,最大探测深度应大于 2 m(宜选用 500 MHz 的天线)。

现场检测应符合下列规定：

①隧道施工阶段检测时,测线布置应以纵向布置为主、横向布置为辅。单洞两车道隧道应分别在隧道的拱顶、左右拱腰、左右边墙布置共 5 条测线,单洞三车道隧道应在隧道的拱腰部位增加两条测线,遇到支护(衬砌)有缺陷的地方应加密测线。

②交工验收阶段检测时,测线布置应以纵向布置为主、横向布置为辅。单洞两车道隧道应分别在隧道的拱顶、左右拱腰布置共 3 条测线,单洞三车道隧道应在隧道的拱腰部位增加两条测线,遇到支护(衬砌)有缺陷的地方应加密测线。

③每 5~10 m 测线应有一个里程标记。